SAM HINN

CAMBIADOS POR SU
PRESENCIA

Descubra qué sucederá cuando entre
en la presencia del Señor y aprenda
cómo tener pasión e intimidad con Él.

BUENOS AIRES - MIAMI - SAN JOSÉ - SANTIAGO

www.editorialpeniel.com

Cambiados por su presencia
Sam Hinn

Publicado por:
Editorial Peniel
Boedo 25
Buenos Aires 1206 - Argentina
Tel. (54-11) 4981-6034 / 6178
e-mail: info@peniel.com.ar

www.editorialpeniel.com

Este libro fue publicado originalmente en inglés con el título:
"Changed in his Presence"
por: Creation House - Lake Mary, FL. 32746
Copyright © 1995 Sam Hinn

Traducido al español por: Virginia Lopez Grandjean
Copyright © 1997 Editorial Peniel

ISBN Nº: 987-9038-09-6
Producto Nº: 316016

Edición Nº III Año 2002

Impreso en la Argentina
Printed in Argentina

Dedicatoria

A mi bella esposa, Erika. Cuando el Señor te entregó a mí, me dio el regalo más hermoso del mundo. Gracias por darme los mejores años de mi vida. Los primeros diez años han sido tan maravillosos, que no veo la hora de vivir los próximos diez. Eres un regalo de Dios, y te amo con todo mi corazón y toda mi vida.

A mis hijos: ustedes son un regalo de Dios para su mamá y para mí. Gracias por comprender porqué papá tiene que estar fuera de casa tanto tiempo.

• Samia, la pequeña adoradora: eres lo más dulce para mí. Samia, nunca dejes de alabar al Señor. Tú eres la canción de mi corazón. Un día, querida, tú y yo nos pondremos de pie para alabar a Dios juntos, aquí y en la eternidad.

• Costi, tú eres mi compañero de hockey. Hijo, el Señor ha puesto su mano sobre ti en una forma muy especial. No veo la hora de que llegue el día en que tú y yo prediquemos la palabra de Dios juntos, y después nos vayamos a jugar un partido de hockey sobre el hielo. Te amo, y estoy muy orgulloso de ti.

• Michael, ahora tienes tres años. Pronto podrás leer. Hijo, cuando el Señor te trajo a nosotros, nos dio un regalo de gozo. Te amo a ti también, mi compañerito de juegos de hockey, pequeño vaquero. (Yipi yupi yey.)

• Christa, "ungida", antes de que tú nacieras, oré pidiéndole al Señor otra niña. Dios me concedió el deseo de mi corazón en ti. Me dio una niñita de papá, hermosa y llena de su unción.

Mi corazón está lleno de gratitud para Aquel que me salvó y me llamó para sí mismo. Todas las bendiciones que disfruto en mi vida vienen de él. Amo a mi Salvador y Señor Jesucristo más que a la vida.

Agradecimientos

Quiero expresar mi más profundo amor a mi familia. Dios me ha bendecido muchísimo al darme una familia tan hermosa. A mi santa madre, Yama, que oraba por nosotros en las horas silenciosas de la madrugada, mientras nosotros aún dormíamos: Dios está contestando tus oraciones (ana ba hib bic).

A mis hermanos Benny, Chris, William, Henry, Mike, y mis hermanas Mary y Rose; en mi corazón y en mi vida siempre llevaré algo de cada uno de ustedes. Gracias por dar de sí. Los amo muchísimo.

Phil Driscoll, nadie ha hecho un impacto más profundo en mi vida de adoración que tú. Recuerdo cuando me dijiste: "En esta vida, nunca se llega a tener demasiados amigos". Phil, gracias por tu amistad y por mostrarme cómo es el corazón de un adorador. No sólo somos amigos, sino hermanos; te amo, hermano.

Erhard e Ilse, cuando Dios unió sus corazones, me dio los mejores amigos (ich lebe dich). Charlie, gracias por todo tu amor y tu ayuda.

Deborah Poulalion y los que trabajan en Creation House, es una bendición trabajar con ustedes.

John Mason, Dios te usó tanto para ministrar a mi corazón mientras escribía este libro. Gracias por tus palabras de sabiduría y por hacer que el sueño se convierta en realidad.

Reconocimiento a Benny

Mi vida ha sido muy bendecida al estar bajo el ministerio de mi hermano Benny Hinn. He aprendido cosas que jamás hubiera descubierto en un aula. Agradezco especialmente esos primeros años de servicio a él y a la iglesia. Recuerdo cuando le rogaba: "Por favor, déjame predicar; creo que ya estoy listo". Pero Dios lo usó para hablar muchas veces a mi corazón. Siempre me decía: "Sam, si soy yo el que te promueve, es que Dios no está en eso. Tienes que esperar que sea Dios el que cree un espacio para tu don, no yo".

Esta fue una gran lección que aprendí. Si el hombre te da algo, también puede quitártelo. Si la iglesia te da algo, esa iglesia también puede quitártelo. Pero cuando Dios te da algo, nadie puede quitártelo.

Hoy tengo mucho que agradecer. Dios me dio un maravilloso ejemplo para seguir.

Él ha sido mi hermano, mi amigo y mi pastor. Como hombre, él jamás podría cambiarme, pero me amó lo suficiente como para llevarme a Aquél que podía transformar mi vida.

Benny, gracias por permitirme servirte y servir al gran ministerio que Dios te ha dado. Nunca olvidaré que entregué mi corazón a Jesús mientras estaba en tu cuarto, leyendo tu Biblia. Tú entraste, me tomaste de la mano y me presentaste a Aquél a quien ahora los dos servimos. Gracias por todo lo que has sido en todos estos años. Te amo con todo mi corazón.

Contenido

Prólogo

La adoración es vital para nuestra existencia como cristianos porque sirve como entrada a la presencia de Dios. Por ella, entramos hasta el cuarto donde se encuentra el trono de los cielos y nos inclinamos ante el Dios Todopoderoso, Creador del universo.

La adoración nos hace ingresar a un nuevo y más profundo nivel de intimidad con el Padre. He descubierto que las cosas terrenales se desdibujan cuando pasamos tiempo en su presencia. Un Dios que alguna vez fue distante llega a estar, repentinamente, más cerca que nuestra propia respiración, y nada puede alejarnos de su gloria.

La adoración es una parte vital del andar de mi hermano Sam con el Señor. Su amor por el Señor se hizo evidente para mí cuando lo escuché orar, siendo apenas un adolescente: "Señor Jesús, entra en mi corazón, enciérrate allí y tira la llave". Esa simple invitación fue el comienzo de una vida de amorosa devoción y servicio al Señor.

Durante los últimos diez años, Sam ha servido como parte del equipo pastoral en nuestra iglesia, aquí, en Orlando, Florida. Ya sea en la privacidad de su hogar o en la tarea del ministerio, he visto en él un corazón que anhela conocer más a Dios, que rebosa de adoración hacia el Maestro.

Cambiados por su presencia es la forma de compartir algunos principios dinámicos sobre la adoración que Sam ha aprendido, así como muchas experiencias personales sobre el tema. Al leer las páginas de este libro, tómate el tiempo para dejar que su mensaje se interne en lo profundo de tu ser. Permite que estos pensamientos te desafíen y te ayuden a descubrir el éxtasis del tiempo compartido con el Señor. Concéntrate en el Señor, y comienza a verte a la luz de su gloria y su gracia. Cuando lo hagas, experimentarás la más extraordinaria y sobrenatural transformación: serás *cambiado por su presencia.*

Benny Hinn

Uno

El llamado a la adoración

Un día lunes, en el mes de diciembre de 1986, yo me estaba preparando para dirigir la reunión de oración de la mañana, que era parte de mis responsabilidades como pastor del Centro Cristiano de Orlando.

Aunque todas las semanas teníamos esta reunión, yo sentía algo muy diferente con respecto a esta, en especial. No tenía idea de lo que podría pasar. Pensé que quizá no me estaba sintiendo muy bien.

Yo era parte de una gran iglesia y de un ministerio floreciente. Dios también me había bendecido con una esposa maravillosa y una hijita recién nacida, pero en lo más profundo de mi corazón estaban el anhelo y la esperanza de que Dios estuviera por hacer algo que yo necesitaba. Estaba ansioso por un mover de Dios.

Entré a mi oficina para comenzar con los

preparativos de costumbre, y me puse a orar. Le dije al Señor cuánto lo amaba y cuánto lo necesitaba. Pareció que el tiempo volaba, y, antes de que me diera cuenta, se hizo la hora de bajar para ir a la reunión. Mientras entraba al santuario de la iglesia comencé a llorar. Estaba sintiendo la presencia de Dios tocándome en una forma muy poco usual. Llegué hasta la puerta del salón donde se realizaba la reunión, y al extender mi mano para abrirla, el Espíritu de Dios me habló más claramente que nunca. Me dijo: "Quiero que me adores a mí esta mañana".

Yo respondí: "Señor, realmente no sé cómo adorarte". Entré al salón, donde se habían reunido aproximadamente cien personas para orar, y les conté lo que el Señor le había dicho a mi corazón.

Mientras hablaba con la gente, yo oraba en silencio. "Pero, Señor, ¿cómo puedo adorarte delante de toda esta gente? ¡Canto muy mal!" En ese momento, el canto era la única forma de adoración que yo conocía. Para mí, adorar era simplemente cantar todas las canciones cristianas que uno sabía. Yo no era director de adoración, ni músico. En realidad, apenas podía seguir una melodía. Pero en mi hambre y mi desesperación por Dios, sabía que no podía empezar a preocuparme por mi incapacidad. Simplemente tenía que adorarlo.

Les dije a las personas que se habían reunido para orar que íbamos a adorar a Dios hasta que él viniera. Yo esperaba que viniera pronto, para que los hermanos no tuvieran que sufrir mi canto demasiado tiempo.

Así que comenzamos a cantar. Cantamos

todas mis canciones favoritas, una tras otra, esperando que él viniera y nos tocara. Después de aproximadamente 45 minutos, habíamos terminado todas las canciones que yo sabía, pero comencé a sentir como si alguien hubiera encendido la calefacción en ese salón. Cada vez el lugar se ponía más cálido, pero el calor iba directo al corazón.

Entonces el Señor me hizo una pregunta que aún hoy resuena en mi corazón. Me dijo: "Sam, ¿cuánto me amas?"

Llorando a mares, le contesté: "Te amo con todo mi corazón y con toda mi vida".

Pero nada podría haberme preparado para lo que me preguntó a continuación. Dijo: "Si te quitaran a tu esposa y a tu hijita, ¿cambiaría tu amor por mí?"

(Por favor, quisiera que quede en claro que él dijo: "Si *te quitaran* a tu esposa y a tu hijita". No dijo: "Si *yo te quitara...*" No creo que esa sea la forma en que él prueba nuestro amor.)

Quise responder rápidamente a esa pregunta, pero una santa reverencia vino sobre mí, y comprendí cuán vital era que mi respuesta fuera honesta. Sabía que la decisión era completamente mía. En ese momento sentí un vacío en mi corazón. ¿Podría amarlo incondicionalmente, aún si sucediera algo tan trágico? Luego de unos pocos minutos, pude responder con plena seguridad: "Sí, Señor, te amaría incondicionalmente, porque tú me amaste incondicionalmente".

Nunca sentí tanta ternura con el Señor como en ese instante. Yo había elegido. Había tomado una decisión. Y nadie podría cambiarla ni quitármela. Yo iba a amarlo sin importar qué situación o circunstancia se cruzara en mi camino.

Lloré hasta que me pareció que no tenía más lágrimas. Comencé a pedir cosas que jamás había pedido antes. Oré diciendo: "Señor, déjame tocarte y ministrarte a ti". En lo más profundo de mi corazón, quería responder a la forma en que me había tocado. Quería, sólo por un breve instante, que todos los ángeles del cielo dejaran de adorarlo para que yo pudiera ministrarle.

Le dije que aunque nunca me sanara, yo lo amaría. Aunque nunca me liberara, mi amor nunca cambiaría. Lo amaría sin importar lo demás. Sólo lo amaba por quien él era para mí en ese momento.

Durante este tiempo especial con el Señor, me olvidé por completo del salón lleno de gente que yo debía guiar en oración. Recuerdo que una santa quietud se apoderó de nosotros, y lo único que supe después fue que estaba en el suelo, llorando tanto que me dolía. Seguía pidiendo que el cielo quedara quieto por un instante para que yo pudiera tocar al Señor.

"Por favor, Señor," decía, "quiero ministrarte. Por favor, no me toques... sólo déjame a mí tocarte esta vez." Todo mi cuerpo temblaba. Pensé que quizá moriría y me iría a estar con él para siempre.

Justo cuando dije esto, el Señor me dio una visión que me reveló en qué consistía la adoración. Mientras yo estaba en el suelo, el Señor me dijo: "Mira a tu izquierda".

Miré, y vi claramente la imagen de un hombre vestido como un Santa Claus antiguo, tradicional, sentado en una silla con una bolsa muy grande junto a él. Al otro lado de la bolsa había niños, uno detrás del otro, formando una fila larga hasta donde alcanzaba mi vista, como si cubriera muchos kilómetros. Entonces dije: "Señor, no entiendo. Este hombre es como un Santa Claus".

El Señor me dijo: "Mira otra vez."

Cuando miré otra vez, pude concentrarme mejor en los rostros de los niños. Eran rostros desencajados, vencidos. No había en ellos sonrisas ni emoción; sólo eran rostros inexpresivos. Venían uno por uno junto al hombre que estaba sentado en la silla. Entonces él los sentaba sobre sus rodillas y les daba un regalo que sacaba de la bolsa. Pero los niños no sonreían ni mostraban ningún signo de agradecimiento o amor. Simplemente tomaban su regalo y se iban, tan inexpresivos como habían llegado.

Entonces escuché una voz fuerte y potente como un trueno, que me decía: "Dile a mi pueblo que yo no soy él. Diles que me amen por quién soy, y no por lo que tengo".

No hay forma en esta tierra de describir la intensidad del dolor que sentí al oír estas palabras. Mi cuerpo se sacudía y temblaba. ¿Cómo podría responder?

Una vez más escuché que el Señor me hablaba y me decía: "Sam, mira a tu derecha".

Mientras él pronunciaba estas palabras, una luz santa y penetrante me rodeó. Era potente como un millón de soles, y yo sentía el calor y la intensidad con que tocaba mi cuerpo. Me inundó con un amor que no era humano. Fue directo a mi corazón, y supe que estaba en presencia de Dios.

Clamé desde lo profundo de mi espíritu: "¡Lo impuro no puede estar en la presencia de un Dios Santo, un Dios Santo, un Dios Santo!"

Miré hacia mi derecha, como el Señor me había dicho, y vi una bella luz con forma de cuerpo, sentada. Una vez más vi niños, formando una fila que se extendía por kilómetros, pero esta vez no había bolsa de regalos, y las caras de los niños brillaban de luz y sonrisas. Pude sentir su gozo.

Cuando miré más de cerca a los niños, reconocí en sus rostros los de quienes estaban orando conmigo en ese salón. Vi cómo el Señor alzaba a cada uno de esos niños, lo ponía en su regazo y lo abrazaba con un amor que yo también, literalmente, podía sentir. El Señor tomaba a cada niño y con mucha ternura acariciaba todo su rostro. Era un gesto de amor que yo había visto a mi esposa hacer con nuestros propios hijos: pasar delicadamente sus dedos por la frente, las mejillas y hasta los hombros.

Entonces dije: "¡Eres tan hermoso, Padre! ¡Te amo! ¡Nunca pensé que fueras así! ¡Perdóname!" Y mientras yo lo decía, él seguía abrazando con fuerza a cada niño.

Yo quería desesperadamente responder a ese amor que sentía. "Por favor", oré, una vez más, "déjame tocar a Jesús y ministrarle". Mientras oraba y lloraba, sentí que él me dejaría hacer lo que yo pedía. Comencé a sentir que estaba completamente solo delante del Señor, así que canté y canté. Mi corazón estaba lleno de adoración de una forma que nunca había experimentado antes. En mitad de una canción, sentí la poderosa presencia de Dios en todo mi cuerpo. Era casi como algo eléctrico, algo que lo dejaba a uno paralizado.

Ahora supe que estaba en el salón. Tenía miedo de abrir los ojos porque tenía la seguridad de verlo. Podía sentirlo allí, justo frente a mí.

Clamé: "¡No, Señor, no puedo!" Estaba seguro de que si abría los ojos, lo vería. El temor de Dios era real. Estaba echado boca abajo en el suelo. Cuando finalmente levanté la cabeza y abrí los ojos, me encontré mirando unos pies bellos, fuertes, santos.

Honestamente, pensé: "¡Qué gran forma de morir!" ¿Quién era yo para ver a tal hombre, tan lleno de amor por su gente? Entonces sentí unas manos que me levantaban y me ayudaban a ponerme en pie. Su pecho estaba a la altura de mis ojos. No pude ver su rostro, pero... ¡qué seguro estaba de que era él! Las únicas palabras que podría usar para describir lo que vi serían *fortaleza* y *amor*.

Supe que estaba a punto de concederme el deseo de mi corazón, aquello que había pedido continuamente durante mi adoración: que pudiera tocarlo y ministrarle a él.

Entonces le dije: "Señor, estoy tan feliz de que tengas un cuerpo glorificado, porque quiero darte el abrazo más fuerte que te hayan dado jamás, y temo lastimarte".

Extendí mis brazos para abrazarlo y le escuché decir: "Sam, minístrame".

Mientras lo abrazaba, sentí que caían lágrimas sobre mi hombro. Cada lágrima caía con tanta fuerza que parecía pesar kilos. Le pregunté: "Señor, ¿quién te ha herido?"

Una vez más, su respuesta fue: "Sam, minístrame".

Después de ese momento, sentí que me colocaba suavemente sobre el suelo. Allí me quedé, llorando durante un par de horas.

Tuve esa visión hace nueve años, pero es tan clara para mí hoy como el día en que sucedió. Nunca he tenido una experiencia tan extraordinaria como esa desde aquella vez.

¿Qué significaba?

Quizás algunos digan: "¿Quién eres tú para tener esa experiencia?" Ha habido momentos en que yo también me he preguntado: "Señor, ¿por qué me elegiste para mostrarme eso?" No tengo ninguna respuesta específica, pero la Palabra del Señor dice:

> *El que tiene mis*
> *mandamientos, y los guarda,*
> *ese es el que me ama; y el que*
> *me ama, será amado por mi*
> *Padre, y yo le amaré, y me*
> *manifestaré a él*
> *(Juan 14:21).*

Jesús dijo que si le amamos, él se manifestará a nosotros. Manifestarse significa "exhibirse en persona, aparecer o declarar en forma evidente". Creo que el Señor me respondió porque yo le obedecí y tuve hambre de él.

Durante mucho tiempo, después de esa experiencia, me pregunté el porqué de las lágrimas del Señor. Creo que él sufre cuando nos negamos a estar en comunión con él. La visión de cómo él abrazaba suavemente a cada niño jamás se borrará de mi memoria. Debe dolerle cuando nos perdemos la bendición de su presencia.

La escena de los niños de rostros inexpresivos que formaban fila para recibir regalos me hizo revaluar mis propios motivos. ¿Venía yo ante el Señor por lo que él podía darme? ¿O venía para ser cambiado en su presencia?

Los niños que estaban en presencia del Señor reflejaban su gloria en sus rostros. ¿Reflejaba yo la gloria del Señor?

La presencia de Dios puso al descubierto mi corazón y cambió mi vida mientras lo adoraba en esa reunión de oración, aquella mañana. Mi deseo es que este libro también haga surgir en ti el hambre de venir a la presencia del Señor.

Estar en presencia de un gran hombre puede hacerte un hombre mejor. Pero venir a la presencia de Dios te cambiará de forma que jamás podría hacerlo un hombre.

En las próximas páginas compartiré lo que la Biblia dice sobre la adoración y su propósito en la vida del creyente. Esto incluye:

- el modelo bíblico de adoración

- cómo nos cambia la adoración
- la misericordia en la adoración

- cómo comprender la adoración en espíritu y en verdad

• la diferencia entre relación y comunión

• el punto de vista de Dios sobre la necesidad del servicio

• cómo surge la santidad como parte de la adoración

Mi corazón también está con los líderes de la iglesia de Dios. Escribí un breve capítulo para ellos, simplemente hablando de todas las cosas que sé por experiencia personal que nos tientan como sustitutos de la presencia de Dios.

Finalmente, he aprendido tanto sobre la adoración a través del ministerio de Phil Driscoll, que le he pedido que comparta algo de lo que el Señor le ha mostrado.

El Espíritu Santo ha sido tan bueno conmigo al escribir este libro... Mi oración es que él use estas palabras para tocarte a ti también.

Dos

¿Qué es la adoración?

El fundamento de todo el tema de la adoración se remonta a una relación que parte de un pacto establecido en el éxodo de Israel de Egipto y que se celebraba en el tabernáculo.

Durante el éxodo, los hijos de Israel vieron la gloria de Dios como pocos pudieron verla jamás. Ellos vieron al Mar Rojo partirse y lo cruzaron por tierra seca.

Luego vieron cómo las aguas se abalanzaban sobre el ejército egipcio que los perseguía.

Yo me gozaría al ver eso... ¿tú no? Moisés escribió el siguiente cántico y el pueblo se unió a él para cantarlo:

> *Cantaré yo a Jehová, porque se*
> *ha magnificado grandemente; ha*
> *echado en el mar al caballo y al*
> *jinete. Jehová es mi fortaleza y mi*

> *cántico, y ha sido mi salvación.*
> *Este es mi Dios, y lo alabaré; Dios*
> *de mi padre, y lo enalteceré*
> *(Éxodo 15:1, 2).*

La adoración de Israel fue una respuesta a Dios por su maravilloso acto de liberación. La adoración, por tanto, es nuestra respuesta a Dios por su fidelidad demostrada al liberarnos.

La adoración celebra el pacto entre el Creador y su creación. Dios hizo un pacto con Israel en la noche de la Pascua. Si ellos aplicaban la sangre del cordero del sacrificio, estarían en una correcta relación con Dios, y su ira no los tocaría.

Como creyentes del Nuevo Testamento, estamos en un nuevo pacto con Dios, basado en el mismo principio. Si elegimos cobijarnos bajo la sangre de Jesús, nuestra relación con Dios es restaurada.

El deseo de Dios, tanto en el pacto antiguo como en el nuevo, es el mismo: redimir al pueblo para sí, hacerlos volver a su antiguo propósito: la comunión con él.

Nuestro Señor nos creó, nos salvó, nos redimió y hasta preparó la forma para que nos acerquemos a él. La adoración es nuestra proclamación de que hemos sido liberados de nuestro pecado, nuestros sufrimientos, nuestra vergüenza. Cada vez que Dios nos ministra, ya sea para liberarnos del pecado o para sanarnos, nuestra respuesta es adoración.

¿Alguna vez te has tomado un tiempo para pensar cuán fiel ha sido Dios contigo? Cuando piensas en todo lo que él ha hecho en tu vida, cuántas veces te ha perdonado, cómo ha ministrado vida a tu corazón cuando creíste que nadie podría entenderte... no puedes menos que adorarlo.

Por favor, ¿quisieras dejar de leer este libro durante unos instantes y reflexionar en todo lo que él ha hecho, hasta en estos últimos días? Este sería un excelente momento para agradecerle porque ha salvado y ha liberado tu vida. Comienza a adorarle con un corazón agradecido, un corazón lleno de gratitud por su fidelidad.

Las cosas que Dios ha hecho por nosotros nos inspiran constantemente a la adoración:

> *Has aumentado, oh Jehová Dios*
> *mío, tus maravillas; y tus*
> *pensamientos para con nosotros, no*
> *es posible contarlos ante ti.*
> *Si yo anunciare y hablare de ellos,*
> *no pueden ser enumerados*
> *(Salmo 40:5).*

Por todo lo que Dios ha hecho, hay sólo una conclusión posible: lo que él merece es que lo adoremos. Como dijera el profeta Jeremías:

> *No hay semejante a ti, oh Jehová;*
> *grande eres tú, y grande tu*
> *nombre en poderío. ¿Quién no te*
> *temerá, oh Rey de las naciones?*
> *Porque a ti es debido el temor;*
> *porque entre todos los sabios de las*
> *naciones y en todos sus reinos, no*
> *hay semejante a ti*
> *(Jeremías 10:6, 7).*

La palabra inglesa "worship", que se traduce como "adoración", proviene del inglés antiguo, "weorthscipe", que significa "valor" o "mérito". La adoración reverencia, honra y expresa el valor de algo o alguien. La adoración es una celebración del valor, de la importancia que Dios tiene.

Adoración en el tabernáculo

Es fácil notar cómo alguien valora a otra persona por las actitudes que muestra hacia ella y la forma en que la trata. Cuando adoramos, ¿le mostramos a Dios cuán valioso es él? ¿Le mostramos cuán importante es para nosotros?

La adoración es una celebración del valor de Dios, que podremos comprender mejor si observamos cómo era la adoración en el tabernáculo de David. La adoración en el tabernáculo estaba a cargo de talentosos músicos. Todos los cultos incluían música instrumental y cantada. David designó músicos y cantores para que ministraran continuamente, mañana, tarde y noche, ante el arca del Señor. Mientras ministraban, componían y guardaban esos cánticos espontáneos, cada canción estaba llena de agradecimiento al Señor.

Encontramos la mejor descripción de la adoración en el tabernáculo en 1 Crónicas 16. David tenía 4.000 porteros y 4.000 músicos que ejecutaban alabanzas a Dios con sus instrumentos (ver 1 Crónicas 23:5). Todo este ejército de músicos y cantores comenzaba cada culto dando gracias al Señor e invocando su nombre.

Luego proclamaban su nombre y sus obras

en canciones para que todo el pueblo de Israel lo recordara. Cantaban salmos y hablaban de sus maravillosas obras. Daban gloria a su nombre.

A medida que el pueblo alababa más y más, sus corazones se gozaban y su fortaleza se renovaba. Al recordar las obras portentosas de Dios en el pasado, los alentaba la seguridad de que él continuaría actuando a favor de ellos.

Esta adoración era espontánea y llena de gozo y celebración. Israel se convirtió en una nación adoradora. Una y otra vez, "dijo todo el pueblo: Amén, y alabó a Jehová" (1 Crónicas 16:36).

En los salmos de David vemos una amplia gama de apasionada adoración al Señor. Los salmos eran la respuesta de Israel a Dios. De agonía a expectativa, de temor a gozo. Están llenos de adoración, agradecimiento y oración. Muchos de estos salmos surgieron de la celebración de adoración que se realizaba en el tabernáculo de David.

En la actualidad, me encanta estar en medio de un gran auditorio lleno de gente que celebra en su adoración el valor de Dios . Me parece hermoso escuchar un gran coro cantando las alabanzas de Dios, acompañado por músicos que glorifican a Dios con sus instrumentos. Disfruto de ver a muchísimas personas con los brazos en alto y los rostros radiantes, cantando a una voz de la bondad de Dios.

Nuestra adoración es una celebración. Grandes o pequeños, jóvenes o viejos, cualquiera sea nuestra denominación o nuestra posición geográfica, podemos celebrar el valor que Dios tiene para nosotros, y la relación que tenemos con él a través de su pacto, por medio de nuestra adoración.

Tres

Adorar con el corazón

Una de las alegrías que da el tener hijos es que puedo ayudar a inspirarles amor por Dios. Para mí, ver a mis hijos adorarle es una de las imágenes más hermosas en el mundo.

Cada uno de mis hijos ha aprendido a expresar su adoración. Cuando oro junto con el varón más pequeño, Michael, siempre expresamos nuestra adoración al final. Él mira hacia arriba y coloca sus manitas sobre los labios y le tira un gran beso a Jesús, diciendo: "¡Te amo, Jesús!"

Eso es la expresión de la adoración. La adoración que no se expresa no es adoración.

Muchos de nosotros comprendemos muy poco qué es realmente la adoración. La adoración no depende de nuestras habilidades o nuestro talento. La adoración a Dios debe salir de nuestros corazones.

Una de las cosas que me resultaban más

difíciles durante mis primeros años como cristiano era ver a algunas personas adorar y actuar al mismo tiempo. Yo escuchaba a los líderes de adoración que ponían tanto énfasis en la parte cantada de la adoración, que pensaba: "Realmente, tú no puedes adorar, Sam, porque no tienes talento para cantar".

Salía de los cultos en la iglesia pensando: "¿Por qué no puedo sentir y captar la presencia de Dios como ellos? ¿Qué pasa conmigo? ¿Hay algo que es obstáculo para la presencia de Dios en mi vida?" Cuanto más me formulaba estas preguntas, más abría el Señor mi entendimiento para que pudiera comprender que la adoración tiene que venir del corazón, y no del talento o de su capacidad.

Cuando comprendí que la adoración es simplemente expresarle a Dios lo que él vale para nosotros, me encontré pasando horas adorando, en el auto, en la oficina, en mi hogar... en cualquier lugar que pudiera encontrar un tiempo tranquilo.

Indudablemente, Dios estaba tocando los lugares más profundos de mi corazón con su presencia.

Muchas veces pensamos que Dios se siente verdaderamente impresionado por la letra de las canciones que cantamos. Si podemos hacerlas sonar más elocuentes, pensamos que esto nos acerca más a él. La parte de nosotros que Dios más desea no es lo que pronuncian nuestros labios, sino lo que proclaman nuestros corazones.

Esto se expresa muy claramente en la Biblia. El Señor le explicó al profeta Ezequiel que las palabras del pueblo de Israel no expresaban lo que sentían sus corazones.

Y vendrán a ti como viene el, y estarán delante de ti como pueblo mío, y oirán tus palabras, y no las pondrán por obra; antes hacen halagos con sus bocas, y el corazón de ellos anda en pos de su avaricia (Ezequiel 33:31).

El Señor expresó también el mismo principio por medio del profeta Isaías.

Porque este pueblo se acerca a mí con su boca, y con sus labios me honra, pero su corazón está lejos de mí, y su temor de mí no es más que un mandamiento de hombres que les ha sido enseñado (Isaías 29:13).

Adoración en la iglesia

Muchos de nosotros, cuando escuchamos hablar de adoración, pensamos en "las canciones que cantamos en la iglesia". Esta es una parte importante de nuestra vida de adoración, pero siempre recuerda que sólo es una parte. Puedes adorar aun cuando no haya nadie a tu alrededor. Y, por supuesto, ¡puedes adorar aun cuando no haya música!

Esto no significa que la adoración colectiva no sea bíblica. Los salmos dicen:

*Alabaré a Jehová con todo el
corazón en la compañía y congregación de los rectos
(Salmo 111:1).*

Una de las mayores luchas que enfrentamos hoy en la adoración colectiva es que la gente se ha convertido en un público. Lamentablemente, la adoración en los cultos de los domingos de muchas iglesias se ha convertido en asunto de "cantar y sentarse", que divide a la iglesia entre los que actúan y los que son espectadores. En la actualidad existe una gran necesidad de promover la clase de adoración que haga participar a toda la congregación.

Parece que algunas iglesias han olvidado el propósito que tiene la música. Las iglesias buscan músicos talentosos para lograr mejor música. Dios no busca mejor música, sino mejores adoradores.

El propósito de la música en la iglesia no es que el templo se llene de gente que viene a escuchar buena música. Sé de iglesias que contratan a músicos talentosos que ni siquiera son salvos, sólo por hacer que la gente siga viniendo a escuchar esas excelentes interpretaciones. Un buen coro o una buena banda no necesariamente elevan la adoración.

Por favor, es importante que comprendamos que no hay nada de malo en tener un gran talento o gran habilidad. Es maravilloso utilizar los dones que Dios ha dado para bendecirlo a él. Siempre debemos tratar de dar a Dios lo mejor en nuestra adoración. Pero cuando se pone demasiado énfasis en el talento, sólo vamos a conmover emocionalmente a las personas. Dios declara la adoración desde el espíritu.

La adoración surge de un corazón que desea y honra al Padre. La música es una expresión que ayuda a "sacar" el corazón de adorador. La música no es el fin, sino sólo el comienzo de la adoración.

Dios busca una adoración que no sea limitada ni legalista, sino espontánea. Esta adoración proviene del espíritu, no de las cuerdas vocales.

El Espíritu de Dios no mora en los rituales o en las formas legalistas. Una forma legalista es algo que hacemos por una obligación o una tradición. Muchas veces, estas formas cumplen una función adecuada, pero también pueden ser una distracción para algunas personas. Por ejemplo, creo que sería excelente que alguna vez se apagaran los retroproyectores. Que la gente adore a Dios en espíritu, sin que nadie los guíe, mientras los músicos hacen lo mismo; cada uno cantando individualmente, adorando a Dios desde el corazón, dejando que sus corazones le digan cuán importante es él para ellos.

La adoración es una íntima relación de amor entre tú y Dios. Creo que la adoración es apasionada y llena de santo deseo. Debemos ser expresivos en la adoración a Dios, con todo nuestro corazón, nuestra alma y nuestras fuerzas.

Jesús le dijo: Amarás al Señor tu Dios con todo tu corazón, y con toda tu alma, y con toda tu mente. Este es el primero y grande mandamiento (Mateo 22:37, 38).

No tenemos que esperar que suene la música, ni que alguien nos dirija en una canción. La adoración puede ser nuestra constante y automática respuesta ante el perdón de Dios y su gracia.

Adoración pura

Cuando adoras a Dios colectivamente, tu relación con la gente que te rodea te afecta. Esto no es ni bueno, ni malo. Es sólo un hecho. Quiero compartir contigo lo que el Señor me enseñó sobre este tema.

En 1987, mi hermano William y yo asistimos a la Conferencia Bíblica de James Robison. La presencia de Dios era tan real... especialmente en los momentos de adoración. Nunca había sentido algo tan puro en una reunión colectiva. Una noche, cuando James Robison hizo el llamado, corrí hacia adelante. Quería más de Dios.

Al arrodillarme frente al altar, sentí la misma maravillosa presencia que me había tocado en la reunión de oración de la mañana, en mi propia iglesia. En ese momento, le hice al Señor tres preguntas específicas. Quiero compartir una de ellas contigo. Le pregunté: "¿Por qué es tan pura la adoración en este lugar?"

El Señor me habló y me dijo: "Sam, quiero que mires muy bien a tu alrededor". Así lo hice, y vi rostros, muchos rostros.

Entonces él me dijo: "Aquí hay siete mil personas que vienen de 48 Estados. ¿Sabes por qué la adoración es tan pura? Porque no se conocen entre sí. No han tenido tiempo de enojarse o amargarse con el otro. Por eso es tan pura".

Cuando una iglesia está llena de luchas y disensiones, las personas no son libres para adorar. Si tus relaciones con otras personas no son las correctas, te costará mucho entrar en adoración. Jesús dice que si tienes algo contra tu hermano, debes dejar tu sacrificio en el altar y arreglarte con tu hermano (ver Mateo 5:24). Te insto, como miembro de una comunidad que adora, a reconciliarte con tus hermanos.

Cuando adoramos en un grupo en el que conocemos a las personas que nos rodean, también, conscientemente, debemos superar la tendencia a preguntarnos qué estarán pensando los demás de nosotros. Si nos preocupa que los demás crean que parecemos tontos, nuestra adoración se inhibe.

En el próximo capítulo compartiré contigo las experiencias que inspiraron el título de este libro.

Cuatro

Cambiados por su presencia

Hace algunos años debí volar hacia St. Martin para ministrar allí. Al subir al avión, en Orlando, yo no esperaba que el Espíritu Santo me visitara en ninguna forma especial durante ese vuelo, pero lo hizo.

Al levantar vuelo, encendí mi walkman y comencé a leer la Biblia. Durante el vuelo sentí un gran hambre de la presencia de Dios. Había llegado a un punto en que mi ministerio ya no satisfacía el clamor de mi corazón.

Estaba escuchando un casete de alabanza de Kent Henry, cuando sentí que Dios me tocaba. Comencé a adorarlo y a agradecerle por su presencia, y literalmente sentí que su presencia se hacía cada vez más intensa. Cuando más intensa se hacía, más se derretía mi corazón. Estaba casi a punto de llorar a la vista de todos, allí, en el avión, pero no me importaba.

Justo cuando pensé que no podría contener más el llanto, escuché la voz del Espíritu de Dios que le hablaba a mi corazón, diciendo: "Hijo, nunca cambiarás en presencia de un hombre; sólo cambiarás en presencia de Dios".

Entonces comenzó a enumerarme todos los grandes hombres y mujeres de Dios que yo había conocido durante mis años de colaborar con el ministerio de mi hermano en la iglesia. Eran personas que yo siempre tendré en gran estima. Pero el Señor me mostró en ese instante que, aunque esto era una bendición y que yo había aprendido grandes lecciones de estas personas, nunca había cambiado como resultado de estar con ellos.

Entonces le pedí al Señor que por favor, me revelara esa verdad en su Palabra, sabiendo que él siempre confirma con su Palabra lo que dice. Él me guió al versículo de 2 Corintios que dice:

> *Por tanto, nosotros todos,*
> *mirando a cara descubierta*
> *como en un espejo la gloria del*
> *Señor, somos transformados de*
> *gloria en gloria en la misma*
> *imagen, como por el Espíritu del*
> *Señor (2 Corintios 3:18).*

Somos cambiados de gloria en gloria cuando lo miramos a cara descubierta. Cuando entres a su presencia, su Espíritu Santo te cambiará. Personas maravillosas pueden orar por ti y ungirte, pero sólo hay Uno que puede producir el cambio que deseamos.

Si miras a la humanidad para provocar el cambio en tu corazón, este quedará igual de insensible que antes. No tendrá pasión por Dios. Quizá sienta pasión por el hombre, pero no por Dios.

La adoración te lleva a la presencia de Dios

El cambio ocurre cuando entras a su presencia.

¿Cómo entramos a su presencia? La adoración te permite entrar y contemplarlo. Pablo dijo que vemos un reflejo de la gloria de Dios. Cuando lo contemplamos, somos transformados.

Pablo sabía esto por experiencia propia. En su vida se produjo una metamorfosis después de que se encontró con el Señor en el camino a Damasco. Cambió, de ser un perseguidor de cristianos, a ser uno de los líderes de la iglesia. Pablo tomó la semejanza, el perfil y la imagen del Señor. De gloria en gloria, fue cambiado.

Veamos el pasaje de 2 Corintios 3:18 como se lo presenta en *The Message* (El Mensaje)[1]:

> *Pero cuando ellos se vuelven*
> *para mirar a Dios, como hizo*
> *Moisés, Dios quita el velo, y allí*
> *están... ¡cara a cara!*
> *Repentinamente, comprenden*
> *que Dios es una presencia viva*

---

1. Moderna traducción del Nuevo Testamento. (N. de la T.)

*y personal, no un trozo de
piedra cincelada. Y cuando Dios
está presente en persona, en
Espíritu vivo, esa vieja y
restrictiva legislación queda
obsoleta. ¡Somos libres de ella!
¡Todos nosotros! Sin nada que se
interponga entre nosotros y
Dios, nuestros rostros brillan
con el resplandor de su rostro. Y
así somos transfigurados, en
forma similar al Mesías, y
nuestras vidas se hacen
gradualmente más brillantes y
más hermosas, a medida que
Dios entra en ellas y que nos
volvemos más como él.
(Traducción libre).*

Cuando Jesús, el Hijo de Dios, caminaba sobre esta Tierra, él era el reflejo de la gloria de Dios. Cuando venimos a la presencia de Dios en adoración, también nosotros brillamos con su gloria. Llevamos su reflejo dondequiera que vamos. La gente se dará cuenta de que eres diferente, no porque les hayas entregado un folleto, sino porque tú te convertiste en un folleto vivo.

Si estás anhelando que Dios te transforme, él lo hará, cuando estés en su presencia. No tienes que ir a la iglesia, ni dar una gran ofrenda, ni escuchar un sermón predicado por alguien en especial, para experimentarla. (Aunque creo con todo mi corazón que es importante dar, reunirse con otros creyentes y escuchar la predicación de la Palabra de Dios). Él cambio no sucede porque hayamos sido miembros fieles o diezmeros consecuentes. Sucede porque entramos a su presencia con adoración.

Todo creyente anhela ser como Jesús. Mi querido hermano, mi querida hermana, hoy, al leer este libro, si hay hambre en tu corazón porque quieres más de Dios, él está esperando que tú vengas a disfrutar de la comunión con él. El hará todos los cambios que sean necesarios. Te lo aseguro.

El propósito de su presencia

El propósito de la presencia de Dios no es sólo sanar y liberar. Aquellos que han experimentado estos grandes dones, se dan cuenta de que hay mucho más en su presencia. Él nos ama tanto... No sólo quiere sanarnos y liberarnos, sino hacernos como él.

Mi comunión con Dios me ayuda a ser el esposo que debo ser, el padre que mis hijos necesitan y un mejor pastor para ministrar al pueblo de Dios.

Una de las cosas que me gusta hacer después de ministrar, es hablar con las personas que vienen a los cultos. Siempre encuentro a alguien que trata de mostrar su espiritualidad por la forma en que habla. Quieren superar a todos los demás agregando algunos "Alabado sea el Señor" y otros pocos "Aleluya". Generalmente converso poco con esa clase de personas.

La esencia de la adoración es tocar el corazón de Dios hasta que yo refleje la misma gloria de Jesús. Mi espiritualidad no se mide por cuánto tiempo oro o cuántas veces digo "Alabado sea el Señor" en una conversación, sino por la pureza de mi comunión con Dios.

El propósito por el cual escribo este libro es que he descubierto que esto es así, en mi propia vida. Cuando pasé un tiempo con grandes hombres, leí grandes libros cristianos o fui a grandes reuniones cristianas, aprendí mucho, y me sentí bien. Hasta pude impresionar a los que me rodeaban. Pensé que estaba progresando mucho. Pero cuando el Señor me tocó con su presencia, todas estas cosas palidecieron en comparación a él. Sentí el impacto en mi *espíritu* en una forma como nunca lo había sentido antes.

Quiero que llegues a tener hambre de la presencia de Dios, porque sé que ella te cambiará. Hay dos maravillosos relatos en el Nuevo Testamento, sobre personas cuyas vidas quebrantadas fueron restauradas al estar en presencia de Jesús. Veamos qué nos enseñan.

Cinco

Restaurando la relación

Uno de los relatos más extraordinarios de la Palabra de Dios se encuentra en Juan 4. Es la historia de Jesús ministrando a la mujer junto al pozo. Esta historia nos ayuda a comprender la adoración.

Y le era necesario pasar por Samaria. Vino, pues, a una ciudad de Samaria llamada Sicar, junto a la heredad que Jacob dio a su hijo José. Y estaba allí el pozo de Jacob. Entonces Jesús, cansado del camino, se sentó así junto al pozo. Era como la hora sexta. Vino una mujer de Samaria a sacar agua; y Jesús le dijo: Dame de beber. Pues sus discípulos habían ido a la ciudad a comprar de comer (Juan 4:4-8).

Es importante comprender las características de Samaria. Era conocida como una ciudad de borrachos, un lugar condenable. Los judíos sólo iban allí para comprar y vender. Creo que la única razón por la que Jesús fue a esta ciudad fue para encontrarse con la mujer junto al pozo.

Esta mujer vino al pozo a sacar agua. El desierto es muy caliente a la hora del mediodía, y ella sentía la necesidad natural de tomar un poco de agua. Jesús también, y le pidió que le diera agua. La mujer le dijo: "¿Cómo tú, siendo judío, me pides a mí de beber, que soy mujer samaritana? Porque judíos y samaritanos no se tratan entre sí".

Jesús respondió: "Si conocieras el don de Dios, y quién es el que te dice: Dame de beber, tú le pedirías, y él te daría agua viva".

La mujer le dijo a Jesús que quería esa agua viva, pero no confiaba en que él pudiera proveerla. Su pregunta muestra que estaba atada a sus tradiciones. Le preguntó: "¿Acaso eres tú mayor que nuestro padre Jacob, que nos dio este pozo, del cual bebieron él, sus hijos y sus ganados?"

Jesús le respondió, diciendo: "Cualquiera que beba de esta agua, volverá a tener sed; mas el que bebiere del agua que yo le daré, no tendrá sed jamás, sino que el agua que yo le daré será en él una fuente de agua que salte para vida eterna".

En realidad, Jesús le estaba diciendo: "Sí. Soy diferente. El agua que te doy es mejor que la que puedes sacar del pozo de Jacob".

Durante toda esta conversación con Jesús, la mente de la mujer estaba concentrada en su necesidad natural. Pero Jesús sabía que ella necesitaba algo más que el agua natural. Necesitaba un toque profundo en su espíritu.

Esta mujer había pasado toda su vida escapando, tratando de satisfacer las profundas necesidades de su corazón. Se había relacionado con muchos hombres y ninguno la había satisfecho. Estaba tratando de aplacar un deseo de su alma (sus emociones) que realmente la acosaba.

Cuando la mujer le pidió a Jesús que le diera de beber de esa agua para satisfacer su sed, Jesús conocía la necesidad de su espíritu. Entonces le dijo: "Ve, llama a tu marido, y ven acá".

Esto seguramente la asombró. ¿Qué tenía que ver su esposo con el agua? Jesús comenzó con una situación natural que ella vivía, y luego de captar su atención, le señaló su necesidad espiritual. Puso el dedo en el tema más delicado de su corazón.

"No tengo marido", dijo ella.

"Bien has dicho: No tengo marido," le contestó Jesús, "porque cinco maridos has tenido, y el que ahora tienes no es tu marido."

¡Bueno, a eso se le llama ir directo al grano! Creo que en ese momento ella debe haber querido salir corriendo, pensando: "¿Quién es este hombre que me habla de lo que hice en mi vida, si lo que yo quería era solamente agua?"

Hay algo importante que quiero destacar aquí. Como esta mujer, cuando venimos delante de la presencia del Maestro, él va a poner el dedo justo en los temas más delicados para nuestro corazón. Esto lo hace porque nos ama lo suficiente como para confrontarnos con la verdad.

La mujer había estado buscando al hombre ideal, pero su alma no estaba satisfecha con lo que tenía. Cuando se halló frente a un hombre de verdad, el Hijo de Dios, se vio confrontada con lo que estaba faltando en su vida.

Y le respondió: "Señor, yo percibo que eres profeta". Y continuó: "Nuestros padres adoraron en este monte, y ustedes, los judíos, dicen que es en Jerusalén donde se debe adorar".

¡Cambió el tema! Jesús seguramente la sobresaltó al mostrarle que conocía su pasado, así que ella trató de hacerlo hablar de un tema controversial para que no pusiera más al descubierto su vida.

Y él le dijo que ya la adoración no estaba sujeta a un lugar. Desafió su adoración tradicional con la adoración espiritual.

Jesús le explicó: "Ustedes adoran lo que no conocen; nosotros sabemos a quién adoramos, porque la salvación viene de los judíos". Jesús estaba enfatizando una gran verdad: que es posible que las personas practiquen formas de adoración (como ir a la iglesia), sin tener una relación con Jesucristo.

El siguiente comentario que le hizo a la mujer fue una de las declaraciones más importantes sobre la adoración en toda la Biblia. En ella, describe nuestro más alto llamamiento como creyentes.

Mas la hora viene, y ahora es,
cuando los verdaderos
adoradores adorarán al Padre en
espíritu y en verdad; porque
también el Padre tales
adoradores busca que le adoren
(Juan 4:23).

Más adelante en este libro, dedicaré un capítulo entero a explicar lo que significa adorar "en espíritu y en verdad". Pero por ahora, quisiera señalar cuán extraordinario fue lo que Jesús le enseñó a esta mujer sobre la adoración.

Recordemos que ella estaba viviendo en adulterio. Él lo sabía, y ella lo sabía. Pero Jesús no le dijo que buscara a un consejero matrimonial para poner en orden su vida. Aunque su casa estaba en desorden, Jesús le enseñó a adorar al Padre.

Una de las cosas más preocupantes que veo en el ministerio son los matrimonios que se deshacen. Parece que el diablo estuviera lanzando un ataque feroz contra las familias. Necesitamos enseñarles a las personas los principios de Dios para el matrimonio y la familia. Pero también creo que debemos enseñarles cómo entrar a la presencia de Dios y dejar que él los cambie.

Le dijo la mujer: Sé que ha de ve-
nir el Mesías, llamado el
Cristo; cuando él venga nos
declarará todas las cosas. Jesús le
dijo: Yo soy, el que
habla contigo
(Juan 4:25, 26).

En este momento los discípulos regresaban de la ciudad, y los sorprendió ver a Jesús hablando con una samaritana. Esto no les pareció bien. La reputación del ministerio de Jesús se vería afectada.

> *Entonces la mujer dejó su cántaro, y fue a la ciudad, y dijo a los hombres: Venid, ved a un hombre que me ha dicho todo cuanto he hecho. ¿No será éste el Cristo? Entonces salieron de la ciudad, y vinieron a él (Juan 4:28-30).*

La mujer dejó su cántaro. Dejó su pasado y sus necesidades naturales atrás. Fue directamente a la ciudad y dijo: "Vengan a ver a un Hombre". No dio su testimonio. Les dijo a las personas que fueran a Jesús. Y así le dio una gran satisfacción al Señor.

> *Entre tanto, sus discípulos le rogaban, diciendo: Rabí, come. Él les dijo: Yo tengo una comida que comer, que vosotros no sabéis. Entonces los discípulos decían unos a otros: ¿Le habrá traído alguien de comer? Jesús les dijo: Mi comida es que haga la voluntad del que me envió, y que acabe su obra (Juan 4:31-34).*

Cuando los discípulos le preguntaron: "Señor, ¿no tienes hambre?", Jesús les respondió: "Ustedes no tienen idea de cuán satisfecho estoy". El corazón del Maestro estaba lleno después de que esa mujer cambió en su presencia. Y ella afectó a la comunidad entera.

> *Y muchos de los samaritanos de aquella ciudad creyeron en él por la palabra de la mujer, que daba testimonio diciendo: Me dijo todo lo que he hecho (Juan 4:39).*

El amor no debe ser derramado sobre quienes son inmaculados, sino sobre quienes están abandonados y no son deseados. Dios está anhelando revelarse a la persona que tiene un espíritu dispuesto y un corazón que clama: "¡Quiero conocerlo!"

Hoy, si estás buscando pero no encuentras, como la mujer samaritana, quiero que sepas que cuanto mayor es la necesidad, mayor es la satisfacción. ¿Cuán grande es tu necesidad de él? Dios te permitirá, en tu desesperación, que pruebes el desierto, para que ansíes lo que da vida. Hoy, Dios te espera para tener comunión contigo. Él es quien te atrae a sí mismo.

Restaurando la relación con Dios

Muchas veces venimos a la presencia de Dios para decirle lo que necesitamos. Somos como la mujer que vino a Jesús pidiéndole que sanara a su hija, quien estaba poseída por un demonio (ver el relato en Mateo 15:21-28).

Muchos han tomado este relato para enseñar que la fe de la mujer fue la que hizo que su hija se sanara. Creo que eso es sólo parte de la verdad. El proceso comenzó con su relación con Dios. Una vez que nuestra relación con Dios está bien, podemos aferrarnos a sus promesas.

Examinemos este relato. Primero, es importante notar que la mujer no era judía, sino gentil. No tenía relación alguna con el Maestro. Vino de Canaán a la costa, donde estaban Jesús y sus discípulos. Cuando encontró a Jesús, gritó: "¡Ten misericordia de mí, Señor, Hijo de David! Mi hija es atormentada por un demonio!" Jesús ni siquiera contestó. La ignoró por completo.

¿Por qué no contestó Jesús ese clamor de un corazón desesperado? Los discípulos también la rechazaron y le pidieron a Jesús que la despidiera, porque estaba haciendo demasiado ruido.

Jesús explicó a sus discípulos la razón por la que trataba de esa manera a la mujer diciendo: "No soy enviado sino a las ovejas perdidas de la casa de Israel". ¿Qué significa esto?

Veamos nuevamente cómo se dirigió la mujer a Jesús. Lo llamó: "Hijo de David". Pero sólo un judío podría llamar así a Jesús. Ella era pagana, y no tenía derecho a llamarlo Hijo de David. Él ignoró su pedido porque la mujer le pedía que hiciera algo por ella basándose en una relación con él que no tenía.

Pero en vez de irse, ella clamó al Señor

en una forma diferente: adorándolo.

"Entonces ella vino y se postró ante él, diciendo: ¡Señor, socórreme!" (Mateo 15:25)

Uno pensaría que ahora sí, Jesús respondería a su clamor. ¡Pero no! Él puso al descubierto la hipocresía de la mujer. Se dirigió a ella directamente y le dijo: "No es bueno tomar el pan de los hijos y echarlo a los perrillos".

¡Ella lo había llamado Señor, y él la llamaba "perra"! ¡"Perrillos"! Yo crecí en el Medio Oriente, y me enseñaron que jamás usara esa palabra. Era una palabra muy degradante. Pero Jesús la confrontó con la verdad. Ella era una gentil, y no tenía la misma relación con él que tenían los de la casa de Israel.

No estaba siendo mezquino ni cruel. Estaba usando esto para hacerla llegar a la relación correcta con él.

Ella respondió: "Es cierto, Señor, yo soy sólo una perra, pero aún los perrillos comen las migajas que caen de la mesa de sus amos".

La mujer se arrepintió de su actitud anterior y reconoció la verdad sobre sí misma. Su arrepentimiento la llevó a una relación correcta con Jesús. Él la felicitó y su hija fue sanada en ese mismo instante. Ella llegó a tener una relación correcta con el Señor, y el resultado fue la sanidad de su hija.

Durante los últimos años he visto muchas cosas en el ministerio. No creo que nada me preocupe más que cuando veo a personas que desean la manifestación de la presencia de Dios pero no tienen deseos de conocer a Dios. Quieren lo que él puede hacer por ellos, pero no lo quieren a él.

Hay demasiados creyentes cuya relación con Dios depende de lo que él hace por ellos. Lo aman mientras todo va bien, pero... ¿qué sucede cuando las cosas no andan como quisieran? Te animo a que nunca llegues a la presencia de Dios sólo porque necesitas algo. Ven a su presencia porque lo amas y no porque lo necesitas.

El Señor usará la adoración para atraerte hacia él, y la adoración será un factor de evaluación. La evaluación que él hace de nosotros en adoración siempre es exacta. Hay momentos en que adoro a Dios, y Dios me muestra que hay algo que anda mal en nuestra relación. Él usa la adoración para hacerme volver a la relación correcta.

La razón por la que muchas personas no quieren adorar es que la adoración expone lo que realmente somos. Por amor, el Padre nos confronta. Aunque es misericordioso, amoroso, bondadoso y lleno de gracia, te ama demasiado como para dejarte tal como eres.

Seis

Corazón de adorador

Dios me ha dado un corazón lleno de misericordia y ha puesto en mí un sincero amor por las personas. Nunca he sido de las personas que se ponen nerviosas o se enojan. Podría recorrer la segunda milla por cualquier persona. Amo aún a los que no me soportan. Pero sé que todo esto es obra del Señor, no mía. Él sabía que yo necesitaría todo el amor y la misericordia que pudiera conseguir porque me había llamado a ser un pastor.

Las personas me decían: "Pastor, usted está lleno del amor de Dios", o "Pastor, ore para que Dios me dé amor por las personas como el que le ha dado a usted". Esto podría ser muy halagador, pero yo siempre trato de recordarme a mí mismo que debo ser humilde, porque es la obra de Dios en mí.

Un día, este tipo humilde y lleno de amor

estaba llevando a su hijo a un entrenamiento de hockey. Subimos al auto y salimos. Llegué a una esquina donde debía girar a la derecha. El semáforo estaba en rojo y yo estaba esperando para unirme al tránsito. Mi hijo estaba en el asiento junto a mí. Yo estaba mirando por el espejo retrovisor y vi que un auto azul venía justo detrás del mío, a demasiada velocidad. No había forma de que se detuviera sin chocar contra la parte trasera de mi vehículo.

Cuando más se acercaba el auto, más temor y más enojo me invadían. El conductor terminó doblando hacia nuestra derecha y estuvo muy cerca de chocar contra el costado del auto en que iba mi hijo. Yo realmente temí por la vida del niño. Pensé que el conductor me haría alguna seña para disculparse o algo, pero no lo hizo.

Algo se encendió en mi corazón, y me llené de ira. Alcancé a ese tipo que estaba conduciendo casi a 120 km/h. Mientras los dos íbamos a toda velocidad por la carretera, le hice ver claramente que no me gustaba su forma de conducir. Hice todas las cosas que hacen los "machos" cuando están tratando de llamar la atención de otro conductor. Encendí las luces, toqué la bocina y hasta me le pegué por atrás.

Entonces le eché un vistazo a mi hijo y vi una carita asombrada y temerosa que me miraba directamente como diciendo: "Papá, ¿es que te has vuelto loco?". Nunca antes en mi vida me había enojado así. Estábamos cerca de la pista de hockey y salí de la autopista. Entonces el Espíritu Santo me habló con estas profundas palabras que fueron directo a mi corazón:

"¿Qué estás haciendo?
¿Qué lograste con esto? ¿No
ves lo que estoy haciendo
dentro de ti? Pensaste que
conocías tu corazón pero yo
te estoy mostrando lo que
veo en ti. Todos creen que
eres muy bondadoso, pero
quiero que veas que hay cosas
en ti que quiero que saques".

Mi corazón, lleno de enojo, se derritió como el hielo en pocos segundos. Comencé a llorar pidiéndole a Dios que me perdonara. Miré a mi hijo con lágrimas en los ojos y le pedí a él también que me perdonara.

Mi corazón estaba tan quebrantado que durante los tres días siguientes, cada vez que oraba, no podía hacer más que arrepentirme y clamar por misericordia. Nunca me sentí tan solo como durante esos días. Iba a mi cuarto y me ponía a llorar, pidiéndole a Dios que quitara y borrara de mi corazón toda raíz de enojo. Allí, en mi cuarto, el poder de Dios llenó mi corazón y sacó el enojo de raíz. Esa noche ministré en la iglesia y tuvimos un culto maravilloso. Entonces supe que era libre.

Cuando pensamos que conocemos nuestro corazón, Dios nos muestra cuánto es lo que no conocemos.

Hay una hermosa canción que me gusta mucho cantar, que habla de purificar y limpiar nuestros corazones.

Dale tu corazón cada día

La adoración comienza cuando le doy mi corazón al Señor cada día. Es importante que le demos nuestros corazones a Jesús en el altar, pero no termina ahí. No puedo imaginar lo que le sucede a un corazón que le fue dado a él sólo una vez. Nuestros corazones necesitan su limpieza diaria para permanecer puros. Dios desea quitar todo lo que pueda ser un obstáculo para que él nos toque.

Quizá tú le diste tu corazón en el altar una vez, pero no se lo has dado hoy. Te animo a que comiences a hacer este maravilloso intercambio con Dios. No creo que sea suficiente darle nuestro corazón sólo una vez.

Mi oración es que lo primero que hagas cada mañana sea darle tu corazón al Señor. En la quietud de las primeras horas de tu día, sal de la cama y ponte de rodillas para darle tu corazón. Eso hará que tu día (y el del Señor también) valga la pena. La Palabra declara:

> *Porque los ojos de Jehová contemplan toda la tierra, para mostrar su poder a favor de los que tienen corazón perfecto para con él (2 Crónicas 16:9).*

Cuando tú y yo adoramos a Dios y permanecemos en su presencia, hay una confrontación de amor entre su corazón y el nuestro. Dios permite que veas la condición en que está tu corazón. No podemos engañar a Dios haciéndonos los espirituales los domingos, porque él nos ve toda la semana y sabe todo de nosotros. La adoración nos lleva a un punto donde podemos vernos como él nos ve.

Porque Jehová no mira lo que mira el hombre; pues el hombre mira lo que está delante de sus ojos, pero Jehová mira el corazón (1 Samuel 16:7).

Tú oirás en los cielos, en el lugar de tu morada, y perdonarás, y actuarás, y darás a cada uno conforme a sus caminos, cuyo corazón tú conoces (porque sólo tú conoces el corazón de todos los hijos de los hombres) (1 Reyes 8:39).

Te alabaré, oh Jehová Dios mío, con todo mi corazón, y glorificaré tu nombre para siempre (Salmo 86:12).

Adóralo con todo el corazón

¿Cómo sabemos si estamos adorando con todo el corazón? La Biblia nos dice cómo podemos determinar la medida en que estamos adorando con el corazón en el sexto capítulo del evangelio de Mateo.

Porque donde esté vuestro teso-
ro, allí estará también vuestro
corazón (v. 21).

Lo que tú tienes como tesoro se refleja en lo que ocupa tu mente, voluntad y emociones. Si quieres saber dónde está tu corazón, examina tu mente, tu voluntad y tus emociones cuando adoras. ¿En qué estás pensando? ¿Te estás deleitando en Dios?

Revelando las intenciones del corazón

Cuando tuve ese choque con la realidad, en la carretera, hace algunos meses, creo que lo que probablemente me rompió el corazón fue que pensaba que sabía cómo era mi corazón, pero estaba muy equivocado. En el momento en que el Señor me hizo ver verdaderamente cómo era, me sacudió. Recuerdo que le dije al Señor: "¡No, yo no!" Fui confrontado con la verdad. Tuve que arreglarlo y darle mi corazón a él.

Desde entonces, le he pedido continuamente a Dios que me haga ver cómo es mi corazón. Cuando piensas que lo sabes, Dios te muestra algo que te sorprende.

Engañoso es el corazón más que
todas las cosas, y perverso; ¿quién
lo conocerá? Yo Jehová, que
escudriño la mente, que pruebo el
corazón, para dar a cada uno
según su camino, según el fruto
de sus obras (Jeremías 17:9, 10).

El Señor nos revelará las intenciones del corazón. Él sabe lo que decimos, y por qué lo decimos. No podemos engañarlo.

Y tú, Salomón, hijo mío,
reconoce al Dios de tu padre, y
sírvele con corazón perfecto y
con ánimo voluntario; porque
Jehová escudriña los corazones
de todos, y entiende todo intento
de los pensamientos
(1 Crónicas 28:9).

Dios está continuamente escudriñando nuestros corazones y conoce nuestros motivos y nuestras intenciones. Él conoce todo el proceso de nuestros pensamientos. Dios, por amor a nosotros, nos confrontará con la condición en que está nuestro corazón. Lo maravilloso es que no nos deja simplemente con esa revelación. Él la revela para poder sanarla. Tu responsabilidad es guardar tu corazón para que no sea contaminado otra vez.

Sobre toda cosa guardada,
guarda tu corazón; porque de él
mana la vida (Proverbios 4:23).

Qué idea tan tremenda: guarda tu corazón. Las personas compran costosos sistemas de seguridad para guardar cosas como autos y joyas, y olvidan su posesión más valiosa: su corazón.

Todo lo que soy y todo lo que digo brota de mi corazón. El fruto que sale de mis labios refleja lo que mi corazón es en realidad.

> *Porque de la abundancia del*
> *corazón habla la boca*
> *(Lucas 6:45).*

No nos gusta admitirlo, pero lo que decimos refleja lo que somos por dentro. Es innumerable la cantidad de sesiones de aconsejamiento en las que he escuchado a una persona decirle a la otra: "Vamos, tú me conoces. Sabes que no quise decir eso". El hecho es que lo que decimos siempre revela lo que hay en nuestros corazones. Proverbios también lo dice claramente:

> *Como en el agua el rostro*
> *corresponde al rostro, así el*
> *corazón del hombre al del*
> *hombre (Proverbios 27:19).*

Si escuchas cosas que salen de tu boca y que no glorifican a Dios o edifican a los que te rodean, es que algo funciona mal en tu corazón. Entra a la presencia de Dios y pídele que te lo revele y que te limpie. Permite que su Espíritu te cambie transformándote a su imagen.

Cuando le das tu corazón a Dios, liberas su Palabra para que comience a obrar en ti.

> *Porque la palabra de Dios es*
> *viva y eficaz, y más cortante*
> *que toda espada de dos filos; y*
> *penetra hasta partir el alma y el*
> *espíritu, las coyunturas y los*

*tuétanos, y discierne los
pensamientos y las intenciones
del corazón (Hebreos 4:12).*

Recuerdo que una vez, cuando estaba predicando sobre este versículo, tenía una espada de samurai bien afilada y un trozo grande de jamón. Levanté la espada, la descargué con todas mis fuerzas, y partí el jamón en una fracción de segundo. La gente contuvo el aliento mientras la espada cortaba la carne. El jamón no volverá a ser el mismo. Todos fueron testigos de un cambio visible.

Imagina la efectividad de la Palabra de Dios, que es viva y más poderosa y afilada que una espada. Su Palabra no sólo parte las coyunturas y los tuétanos, el alma y el espíritu. Su Palabra discierne los pensamientos y las intenciones del corazón. Va más allá de lo natural y se dirige directamente al espíritu. La Palabra sabe lo que has dicho y porqué lo has dicho.

Pero después de que Dios obre en tu vida, no quedarás hecho pedazos como el jamón que yo corté. El Espíritu Santo vendrá y comenzará la obra de transformar tu corazón para hacerlo como el suyo. Él intercederá por nosotros y ministrará aquellas áreas que hacen que las impurezas manchen nuestros corazones.

*Y de igual manera el Espíritu
nos ayuda en nuestra debilidad;
pues qué hemos de pedir como
conviene, no lo sabemos, pero el*

> *Espíritu mismo intercede por nosotros con gemidos indecibles. Mas el que escudriña los corazones sabe cuál es la intención del Espíritu, porque conforme a la voluntad de Dios intercede por los santos (Romanos 8:26, 27).*

Nuestros momentos de adoración son como espejos en los que podemos ver reflejado nuestro corazón. Una vez que vemos lo que Dios ve, podemos permitirle a su Espíritu que obre en nosotros y quite las cosas que no reflejan su carácter.

Siete

Ven al trono de misericordia

Siguiendo el ejemplo que nos diera David, no debemos dejar de adorar porque estemos enfrentando luchas o dolores. Nuestra adoración a Dios, en realidad, nos librará de esas luchas o esos dolores. La adoración libera al corazón aun del más profundo abismo de la fealdad del pecado.

David es un gran ejemplo como adorador, por la forma en que obró en relación con sus fracasos, no con sus éxitos.

Dios encontró lo que buscaba en David. Lo llamó "un varón conforme a su corazón" (1 Samuel 13:14). Hoy, Dios busca lo mismo en nosotros.

¿Qué había de especial en el corazón de David, que le dio un lugar tan cercano al corazón de Dios? David comprendió que la adoración no era solamente exaltar a Dios cuando todo iba bien. En medio de grandes tribulaciones, David podía reconocer la grandeza de Dios (ver Salmo 10 y muchos otros). Aun estando sumergido en el peor de sus pecados, David podía volver al Señor, arrepentirse y ser limpiado para poder adorar a Dios nuevamente (ver Salmo 51).

Cuando un adorador entra en la presencia de Dios, es recibido con una de las más gloriosas virtudes del Señor: ¡su misericordia! En el tabernáculo, la tapa del arca del pacto era llamada "propiciatorio", o "trono de misericordia". El arca del pacto estaba en el lugar santísimo, donde moraba la presencia de Dios. Cuando entramos a la presencia de Dios por medio de la adoración, bajo el nuevo pacto, también encontramos ese "trono de misericordia" (ver Éxodo 25 y Hebreos 9:5).

En el Antiguo Testamento, el sacerdote sólo podía entrar al lugar santísimo una vez por año. Pero por la sangre de Jesús, tenemos una invitación abierta para acercarnos con corazones puros. Como dice el autor de Hebreos, "acerquémonos con corazón sincero, en plena certidumbre de fe" (10:22).

Podemos ver la misericordia de Dios obrando en la vida de David. He aquí un rey ordenado por Dios para regir una nación, un gran héroe y un modelo para muchos. Pero David tuvo que confesar su pecado y pedir perdón por él. Esto lo hizo un adorador de Dios.

La adoración no es sólo para aquellos cuyo carácter es perfecto y moralmente correcto. Dios también recibe al adorador honesto, que confiesa su pecado y luego alaba al Señor como si nada hubiera ocurrido. Esto es lo que Dios requiere como arrepentimiento:

¿Con qué me presentaré ante Jehová, y adoraré al Dios Altísimo?
¿Me presentaré ante él con holocaustos, con becerros de un año?

¿Se agradará Jehová de millares de carneros, o de diez mil arroyos de aceite?
¿Daré mi primogénito por mi rebelión, el fruto de mis entrañas por el pecado de mi alma? Oh hombre, él te ha declarado lo que es bueno, y qué pide Jehová de ti: solamente hacer justicia, y amar misericordia, y humillarte ante tu Dios (Miqueas 6:6-8).

¿Qué requiere Dios de nosotros en adoración? Se ha hecho mucho énfasis en los métodos de adoración en vez de concentrarnos en el estado del corazón en la adoración. Dios no requiere que cada vez que vaya ante su presencia doble la rodilla o levante las manos. Estos actos físicos de rendición son agradables a él, pero lo que más le preocupa es mi corazón.

¿Qué busca el Señor en ti, y qué es lo que busca en tu corazón? Dios desea:

* que hagas justicia (que vivas en su ley divina)

* que ames misericordia (porque a ti se te ha mostrado misericordia)

* que te humilles ante él.

El Señor requiere que vivamos vidas de adoración, no que sólo tengamos momentos de adoración.

¿Qué Dios como tú, que perdona la maldad, y olvida el pecado del remanente de su heredad?
No retuvo para siempre su enojo, porque se deleita en misericordia.
Él volverá a tener misericordia de nosotros; sepultará nuestras iniquidades,
y echará en lo profundo del mar todos nuestros pecados
(Miqueas 7:18, 19).

Nunca dudo en arrepentirme, porque sé que Dios se deleita en la misericordia. Recuerda siempre que no importa cuán profundamente metido en el pecado estés, nunca es demasiado pecado o demasiado tarde para que Dios te perdone. Si confesamos nuestros pecados, Dios es fiel y justo para perdonarnos (ver 1 Juan 1:9).

Uno de los mejores capítulos sobre el corazón arrepentido es el Salmo 51. Primero, antes siquiera de comenzar el salmo, hay una nota que dice: "Al músico principal. Salmo de David, cuando después que se llegó a Betsabé, vino a él Natán el profeta". De esta manera sabemos que en este salmo, David estaba arrepintiéndose de su pecado con Betsabé.

> *Ten piedad de mí, oh Dios,*
> *conforme a tu misericordia;*
> *conforme a la multitud de tus*
> *piedades borra mis rebeliones.*
> *Lávame más y más de mi*
> *maldad, y límpiame de mi*
> *pecado (Salmo 51:1, 2).*

Primero, David pidió osadamente la misericordia de Dios. ¿Qué es la misericordia de Dios en la vida de un creyente? La palabra hebrea que se traduce "misericordia" es *chanan*, que significa "inclinarse o agacharse en un gesto amable para con alguien inferior". David reconocía su posición de inferioridad ante Dios. Se colocaba en una posición de completa rendición ante la misericordia de Dios.

David escribió luego: "borra mis rebeliones". La palabra hebrea que se traduce "borra" es *machah*, "frotar o golpear, borrar de un plumazo". Pedía que Dios "borre de un plumazo mis transgresiones, toda mi rebelión, todo mi pecado y mis abusos".

"Lávame más y más de mi maldad". La palabra que se traduce como "lávame" es *kabac*, que significa: "pisar; por extensión, lavar golpeando con los pies". Cuando le pedimos a Dios que nos lave más y más de nuestra maldad, el proceso no es muy agradable, porque significa que él tratará esa maldad como si estuviera pisoteándola con toda su fuerza. Pero alabado sea Dios, porque cuando él lo hace, lo hace de una vez y para siempre.

David continuó su oración diciendo: "y límpiame de mi pecado". "Límpiame", en hebreo, es *naqah*, que significa "hacer limpio, inocente". ¿No te emociona la mirada de un niño inocente? Una vez que hemos pecado y nos hemos rebelado, nunca podemos volver a recobrar la inocencia por nosotros mismos. Pero cuando el Señor nos limpia, nos devuelve la inocencia.

Luego oró: "Porque yo conozco mis rebeliones, y mi pecado está siempre delante de mí".

David era responsable de su comportamiento y aceptó plenamente su culpa.

> *Purifícame con hisopo, y seré*
> *limpio; lávame, y seré más*
> *blanco que la nieve. Hazme oír*
> *gozo y alegría, y se recrearán*
> *los huesos que has abatido*
> *(Salmo 51:7, 8).*

Este versículo sobre el arrepentimiento tiene un significado muy especial para mi vida. Cuando leo las palabras "nieve" y "huesos", me recuerdan un viaje que hice.

Hace unos años fui a esquiar con unos amigos a Vancouver, Columbia Británica (Canadá). Yo estaba allí ministrando en la iglesia de mi hermano Henry. Tenía un tiempo libre, y algunos amigos quisieron llevarme a esquiar. Yo nunca lo había hecho antes y tenía muchas expectativas.

Todos ellos eran excelentes esquiadores, y después de deslizarnos algunas veces, realmente me acostumbré a hacerlo. Ese día estuvo lleno de diversión y de idas y venidas en los esquíes con los amigos. Según el parte meteorológico, se esperaba más nieve al día siguiente, así que volvimos. Yo ya me sentía bastante seguro, así que cuando mis amigos empezaron a hacer saltos y a bajar por las pistas más difíciles, pensé: "Yo también puedo hacerlo". Poco después caí y me rompí un hueso del cuello.

Ese hueso nunca terminó de soldarse correctamente, por lo que todavía me molesta algunas veces. Un año después de esto, aproximadamente, decidí ir a ver al médico y preguntarle si podía hacer algo para arreglarlo. Lo que él me dijo me dejó paralizado. Dijo que la única forma de arreglarlo era romperlo nuevamente y acomodarlo bien. Lo único que pude imaginar en ese instante fue el dolor que sentiría.

Hace poco, mientras estaba orando, Dios me recordó esta situación. Él habló a mi corazón sobre la forma en que yo me había estado arrepintiendo. El arrepentimiento tiene que ir más allá de la convicción. El arrepentimiento es doloroso; debe romperse lo viejo.

Muchas personas sienten el poder de la convicción del Espíritu Santo y nunca se arrepienten. Llorar no significa necesariamente que yo me haya arrepentido. El arrepentimiento demanda que mis viejas formas sean quebradas y que yo sea restaurado para ser una nueva persona.

Esconde tu rostro de mis pecados, y borra todas mis maldades (Salmo 51:9).

Dios esconde su rostro de tus pecados; no de ti. Un adorador puede aproximarse osadamente al trono de Dios en humildad.

Crea en mí, oh Dios, un corazón limpio, y renueva un espíritu recto dentro de mí (Salmo 51:10).

David no dijo: "Dios, aquí está mi corazón. Quiero que lo arregles y lo hagas recto". Dijo: "Dios, saca este sucio y manchado corazón y ni siquiera trates de arreglarlo. Crea uno nuevo en su lugar. Que ese corazón sea limpio, como tú eres limpio".

Hay un versículo paralelo a este pasaje de David, que se encuentra en Ezequiel 36

Os daré corazón nuevo, y pondré espíritu nuevo dentro de vosotros, y quitaré de vuestra carne el corazón de piedra, y os daré un corazón de carne (Ezequiel 36:26).

*Los sacrificios de Dios son el
espíritu quebrantado; al corazón
contrito y humillado no
despreciarás tú, oh Dios
(Salmo 51:17).*

La mejor manera de explicar esto es por medio de una ilustración. Imagínate una bella copa de cristal que representa tu corazón. Hoy, y todos los días, se libra una batalla por tu corazón. Dios llama a tu corazón para que sea suyo, pero quizá tú seas tentado a entregárselo a otro. En el momento en que le das tu corazón a otro, es como si alguien tomara esa bella copa de cristal y la estrellara contra el suelo. Ahora lo único que queda son miles de fragmentos.

Para algunos, lleva años reunir todos los trozos de ese corazón destrozado. Una vez que has reunido todos esos trozos y encuentras el camino de regreso a Dios, lo único que puedes hacer es gritar: "¿Puedes hacer algo con este corazón destrozado en mil pedazos?" Dios toma todos esos trozos, pero no los pega. Te da una nueva copa de brillante cristal para que lo ames y lo adores.

El corazón de David no estaba limpio, y él clamó pidiendo la misericordia de Dios. Y porque Dios se deleita en la misericordia, restauró a David... y desea restaurarte a ti también.

Ocho

Adorar en espíritu y en verdad

Antes de que comenzara a escribir este libro el Señor habló a mi corazón y me dijo: "Si me buscas, te revelaré algunas cosas sobre la adoración que nunca antes supiste".

Por lo tanto, cada día dediqué tiempo para buscar a Dios, porque quiero que el Espíritu Santo te ministre a medida que lees este libro. La sorpresa más maravillosa fue cómo Dios me ministró a mí mientras lo escribía. Un día en particular, el Espíritu me confrontó en relación con lo que es adorar en espíritu y en verdad.

Todo comenzó un martes por la tarde. Tres de nuestros cuatro hijos estaban en la escuela, y mi esposa se llevó a la beba con ella para que yo pudiera pasar todo el día con el Señor. Mi corazón rebosaba de la bondad del Señor. Pasé todo el día con él, disfrutando de su presencia. Mi vida y mi ministerio parecían tan plenos ese día... no podía esperar al día siguiente.

El día siguiente era miércoles y me habían pedido que ministrara en la iglesia por la noche. Yo estaba entusiasmado por orar, y sabía que no tardaríamos mucho en llegar a su presencia. Después de todo, el día anterior había sido maravilloso.

Creo que el problema empezó ahí. Tenía una idea preconcebida de lo que Dios haría ese día.

Entré en mi oficina para tener mi tiempo personal de oración y adoración. Mis intenciones eran puras. Quería buscar el rostro de Dios. Tomé la posición habitual para orar y esperé a Dios. Esperé, y esperé y esperé. Yo sabía que él seguramente no estaba atascado en un embotellamiento de tránsito. ¿Qué estaba sucediendo?

Minutos después, la presión comenzó a hacerse más fuerte. Comencé a sentirme estresado. No entendía dónde podría estar Dios. ¿Había yo hecho algo durante la noche que le hubiera desagradado?

Hay una canción en particular que me gusta cantar, porque cada vez que lo hago, siento su presencia. Comencé a cantar esa canción... y no sentí nada. Era como si mi corazón estuviera a millones de kilómetros de Dios.

Mientras estaba orando, me fijé cómo estaba arrodillado para asegurarme de que fuera la misma posición que había tenido el día anterior. Puede parecer tonto, pero no entendía por qué me sentía tan vacío. Lo único que podía hacer era pedirle al Señor:

"Por favor, muéstrame en qué fallé".

Pasó un poco más de tiempo y yo seguía sin sentir su presencia. Entiendo que no se supone que nos guiemos por las sensaciones, pero yo sabía que había algo que andaba mal. Comencé a hacer mi gimnasia espiritual, todas las cosas que uno aprende al ver orar a otras personas.

Estaba sintiendo la presión de tener que entrar a su presencia. ¿Alguna vez sentiste presión en la espalda, entre los omóplatos? Ese era el tipo de presión que yo estaba sintiendo.

Quería decirle a Dios lo que él debía hacer. No podía soportar más esa presión. "Señor," dije, "¿es así como debo sentirme después de pasar doce años en un ministerio de tiempo completo?"

"No debe ser así, Señor. Te he servido fielmente. He estudiado tu Palabra. He ministrado a tu pueblo. ¿Es este el resultado de todo eso? Sólo quiero conocerte, Dios. Con todo mi corazón quiero conocerte. Por favor, ¡corrígeme! Haz lo que debas hacer. Pero no me dejes así."

Entonces el Espíritu Santo me habló y me dijo: "¡Relájate! Tú eres el que se ha buscado toda esta presión. ¿Quieres conocerme, como me lo has pedido? Estudia mi Palabra y me conocerás".

Comencé a llorar, y sentí que mi corazón se derretía en mi interior.

Entonces él me habló otra vez. "Estás tratando de adorar con tu hombre exterior, pero yo deseo que me adores en espíritu. No puedes cambiar el hombre interior por el exterior. Todo lo que has hecho hasta ahora fue hecho en la carne. ¿No te hablé, y te dije que la adoración debe provenir de tu espíritu?"

Entonces me di cuenta, como nunca antes, de que mi carne no le agrada. Estaba tratando de agradarle siguiendo la costumbre, cuando lo único que él quería era que yo me relajara en él y dejara que mi espíritu lo adorara libremente.

En una fracción de segundo, toda la presión desapareció. Comencé a sentir su misericordia rodeándome. Comenzaron a surgir las palabras, suavemente. Ya no hubo más luchas.

He tomado un nuevo compromiso con el Señor, de que nunca más dejaré que el hombre exterior sustituya al interior. ¿Cuántas veces, tú y yo, hemos hecho algún compromiso para orar más: "Mañana me levantaré media hora antes para orar"? Al día siguiente, necesitamos cinco minutitos más de sueño... y acabamos durmiendo toda esa media hora. La adoración no se mide por el reloj. La adoración debe venir del espíritu, no de la manifestación externa de la carne.

Algunos de los momentos más refrescantes que paso en la presencia de Dios pueden darse cuando estoy manejando mi auto. Algunas veces, cuando camino por la calle, o quizá cuando estoy en el *shopping* con mi esposa y los niños. La adoración no está reservada a los lugares "santos", sino a un solo lugar: el corazón.

Si tú, como yo, has adorado en la carne, oro que el Espíritu Santo te muestre, no importa cuándo, ni dónde, ni cómo, que Dios desea la adoración que venga del espíritu.

Dios busca Hemos visto antes la historia del encuentro de Jesús con la mujer junto al pozo. Él le reveló algunas de las más importantes enseñanzas que tenemos sobre la adoración. El siguiente es el versículo clave de ese pasaje:

> *Mas la hora viene, y ahora es,*
> *cuando los verdaderos*
> *adoradores adorarán al Padre en*
> *espíritu y en verdad; porque*
> *también el Padre tales*
> *adoradores busca que le adoren*
> *(Juan 4:23).*

Debemos contestar a tres preguntas muy importantes en relación con este versículo:

1. ¿Por qué busca Dios?

2. ¿Qué es adorar en el espíritu?

3. ¿Qué es adorar en verdad?

Creo que este es el único lugar donde se encuentra la expresión de que Dios "busca" adoradores. ¿Por qué, si Dios es omnipresente, tiene que buscar adoradores? Varios pasajes nos declaran que no hay lugar en la Tierra donde no esté su presencia.

*¿Soy yo Dios de cerca
solamente, dice Jehová, y no
Dios desde muy lejos? ¿Se
ocultará alguno, dice Jehová, en
escondrijos que yo no lo vea?
¿No lleno yo, dice Jehová, el
cielo y la tierra?
(Jeremías 23:23, 24)*

*¿A dónde me iré de tu Espíritu?
¿Y a dónde huiré de tu
presencia?
Si subiere a los cielos, allí estás
tú; y si en el Seol hiciere mi
estrado, he aquí, allí tú estás.
Si tomare las alas del alba, y
habitare en el extremo del mar,
aun allí me guiará tu mano, y
me asirá tu diestra
(Salmo 139:7-10).*

Salomón hizo esta profunda afirmación mientras estaba ante el altar de Dios.

*Pero ¿es verdad que Dios
morará sobre la tierra? He aquí
que los cielos, los cielos de los
cielos, no te pueden contener;
¿cuánto menos esta casa que yo
he edificado? (1 Reyes 8:27)*

Dado que la omnipresencia de Dios llena la Tierra, él estaría rodeando a todos los adoradores. Por lo tanto, debe de haber otra manifestación de su presencia que esté "buscando" adoradores. Él no llena la Tierra con esta expresión de sí mismo, sino que la manifiesta a individuos. Podemos realmente "entrar" a esta presencia.

> *Servid a Jehová con alegría;*
> *venid ante su presencia con*
> *regocijo.*
> *Reconoced que Jehová es*
> *Dios, él nos hizo, y no*
> *nosotros a nosotros mismos;*
> *pueblo suyo somos, y ovejas*
> *de su prado*
> *(Salmo 100:2, 3).*

Se pierde mucho tiempo cuando la gente entra a la presencia de Dios y se va. Pasamos mucho tiempo entrando y saliendo de su presencia. No es extraño que nos cueste llegar allí.

Podemos estar continuamente en presencia de Dios cuando lo adoramos en espíritu y en verdad. Dios es un ser espiritual y quienes lo adoren deben adorarlo en espíritu y en verdad. Dios hace que esto sea posible, no a través del entendimiento humano, sino por medio del Espíritu Santo.

Adorar en espíritu

¡Cuánto necesitamos que el fuego del Espíritu Santo sople sobre nuestra adoración! ¡Cuánto necesitamos el estímulo del Espíritu Santo en nuestra adoración, para que esta se vea encendida con su fuego! La Palabra de Dios nos dice: "Nadie puede llamar a Jesús Señor, sino por el Espíritu Santo" (1 Corintios 12:3). Si no podemos decir que Jesús es Señor sin él, ¿cómo podremos adorar en espíritu sin el poder del Espíritu Santo? El Espíritu Santo debe ser impartido a nuestro espíritu, para que podamos adorar en espíritu a Dios, que es Espíritu.

Yo fui salvo cuando era adolescente y crecí en el Señor en una iglesia pentecostal/carismática, pero durante muchos años no comprendí claramente qué era adorar en el espíritu.

Siempre pensé que adorar en espíritu significaba hablar en lenguas. En los primeros años de mi vida cristiana, estaba en la iglesia y algunas veces, durante la adoración, la presencia de Dios se sentía claramente a mi alrededor. En esos momentos yo lloraba, porque su amor era tan real para mí. Pero siempre había alguien cerca que estaba hablando en lenguas, en voz tan alta, y no podía concentrarme.

En esos días yo aún no había experimentado el don de lenguas. Lo único que sabía era que esta persona sentada detrás de mí estaba poniéndome nervioso. Quería darme vuelta y pedirle que se callara, pero no quería que me reprendieran. La atmósfera a mi alrededor cambiaba, porque yo ya no podía expresarle a Dios lo que había en mi corazón. Comencé a preguntarme si alguna vez podría adorar a Dios en espíritu.

Creo con todo mi corazón que el don de lenguas es un gran atributo para toda la vida cristiana, pero la adoración no depende de este don. La adoración debe fluir de mi espíritu hacia Dios. Debemos recordar que los beneficios que surgen de ser llenos del Espíritu Santo no terminan en el hablar en lenguas. El deseo del Espíritu Santo es llenar a todo creyente, permitiéndonos, no sólo hablar en lenguas, sino también adorar a Dios en espíritu y en verdad.

No os embriaguéis con vino, en lo cual hay disolución; antes bien sed llenos del Espíritu, hablando entre vosotros con salmos, con himnos y cánticos espirituales, cantando y alabando al Señor en vuestros corazones (Efesios 5:18, 19).

El Espíritu nos llama a "ser llenos". Es un llenamiento continuo, un rebosar del Espíritu Santo.

Adorar en verdad

Algunas veces, aunque entendamos lo que es adorar a Dios en espíritu, no sabemos lo que es adorarle en verdad. Sabemos por David que si amamos al Señor con todo nuestro corazón, debemos andar en verdad, pero ¿cuál es esta verdad que él desea en nuestra adoración? ¿Significa que cuando lo adoro no debo mentirle? No solamente él quiere que le adore en verdad, también quiere que ande en verdad. Él desea ser adorado en verdad y que esa verdad se deposite en mi corazón.

He aquí, tú amas la verdad en
lo íntimo, y en lo secreto me has
hecho comprender sabiduría
(Salmo 51:6).

Dios desea la verdad en mi parte íntima, mi corazón. Dios es verdad y la verdadera adoración a él hará que mi corazón ande en verdad. Hablaré con honestidad, sinceridad y verdadera santidad.

Enséñame, oh Jehová, tu
camino; caminaré yo en tu
verdad; afirma mi corazón
para que tema tu nombre
(Salmo 86:11).

Enséñame, Yahvé, para que
ande derecho; entonces seguiré
tu camino de verdad. Dame
unidad, un corazón y una
mente; así, sin división alguna,
te adoraré con temor y gozo.
(The Message - Traducción
libre)

Un adorador en verdad es aquel cuyo corazón no está dividido. La verdad unirá mi corazón en adoración, para que mis emociones, mi mente y mi voluntad estén concentradas en él. No tendré la voluntad dedicada a adorar mientras mi mente está en el partido de fútbol. Cada parte de mi ser estará apasionadamente unida para expresarme ante él.

Es importante que haya tanto espíritu como verdad en el acto de adoración. Si adoras en verdad llegarás a conocer la Palabra de Dios. Pero la adoración en espíritu te permitirá llegar a conocer al Dios de esa Palabra. Estas dos prácticas de la adoración deben funcionar juntas. Una sin la otra es incompleta y puede llevar al fanatismo. Si la adoración en espíritu no es confrontada con la Palabra de Dios, las personas tienden a volverse fanáticas. Si adoramos en espíritu sin verdad, no hay poder. Si adoramos en verdad, sin espíritu, no hay vida, no hay espíritu, no hay fuego.

Dios se mueve en nuestras vidas en distintas formas cada día. Una parte de la adoración a él en Espíritu es darle libertad para que nos toque en la forma que él lo desee, en vez de como nosotros creemos que debería hacerlo. Nuestro objetivo debe ser que nuestro ser más íntimo, nuestro espíritu, tenga comunión con él, sin que nuestra carne interrumpa esa relación.

Algunas veces, las mejores oportunidades de adoración son los momentos que parecen menos probables para nosotros. Dios siempre nos está buscando. Él anhela que permanezcamos en él, que nuestros espíritus sean llenos de su Espíritu y nuestros corazones ejemplifiquen su verdad.

Nueve

Alabanza de corazón

En los primeros años de mi ministerio, yo estaba tan deseoso de aprender más sobre la alabanza y la adoración que escuchaba todos los mensajes que podía sobre estos temas. Recibí mucha vida y muchísima inspiración de ellos. Un maravilloso hombre de Dios hizo esta distinción entre alabanza y adoración: "Alabo a Dios por lo que él ha hecho, pero lo adoro por quién es".

En muchas iglesias, hoy, la alabanza está separada de la adoración. El orden del culto en la iglesia es: primero alabamos, luego lo adoramos, después levantamos la ofrenda. La alabanza es rápida, la adoración es lenta.

Un día, Dios habló a mi corazón sobre este tema. Lo que él me mostró fue que la alabanza y la adoración no fueron hechas para estar desconectadas la una de la otra. Ambas funcionan juntas. Si yo no sé quién es Dios, no puedo realmente alabarlo por lo que ha hecho. Cuando decido alabarlo, le pido que me haga entrar a su presencia. Al estar en comunión con él allí y llegar a conocerlo, mi corazón se ve atraído más y más hacia él, con amor irresistible. En ese momento, lo adoro. La alabanza me presenta quién es él, y la adoración se produce cuando le doy mi corazón.

Así como la adoración parte de tu ser más íntimo, también la alabanza proviene de tu ser más íntimo.

Creo que la verdadera diferencia entre la alabanza y la adoración es que la adoración es un acto de mi voluntad, mientras que la adoración fluye de mi espíritu. En muchos salmos, David dice: "Yo te alabaré".

> *Te alabaré, oh Jehová Dios mío,*
> *con todo mi corazón, y*
> *glorificaré tu nombre para*
> *siempre (Salmo 86:12).*

David decidió de antemano que, sin importar qué sucediera o cómo se sintiera, alabaría a Dios. Uno de los ejemplos más importantes de esta actitud es la historia de Jacob, Raquel y Lea (ver Génesis 29:5-35). Aquí se menciona la palabra "alabanza" por primera vez en la Biblia.

Alabanza en medio del dolor

El padre de Jacob lo envió con la misión de encontrar una esposa temerosa de Dios que fuera de la casa de un hombre llamado Labán.

Cuando Jacob llegó a Harán, preguntó a algunos hombres, que estaban junto al pozo, si conocían a Labán. "Sí," contestaron ellos, "y esa que viene allí a darle agua a las ovejas es su hija Raquel".

Jacob inmediatamente comenzó a tratar de impresionar a Raquel. Corrió hacia el pozo, quitó la piedra y le dio agua a todas sus ovejas. Probablemente su mente estaba más concentrada en Raquel que en darle agua a las ovejas. Luego la besó y lloró.

También le dijo que era pariente de su padre, por lo que ella corrió a buscar a Labán para que lo recibiera. Después, Labán invitó a Jacob a que se quedara con él un mes.

Después de ese mes, Labán le preguntó a Jacob si le gustaría que le pagara por el trabajo que estaba haciendo para él. Jacob amaba a Raquel, así que respondió: "Te serviré durante siete años por Raquel, tu hija menor". Entonces el padre dijo: "Es mejor dártela a ti que a otro hombre".

Debemos recordar que Raquel no era la única hija que tenía Labán. Tenía una hermana mayor llamada Lea.

Y Labán tenía dos hijas: el
nombre de la mayor era Lea, y
el nombre de la menor, Raquel.
Y los ojos de Lea eran delicados,
pero Raquel era de lindo
semblante y de hermoso parecer
(Génesis 29:16, 17).

Raquel tenía un rostro hermoso y era bella a la vista. Raquel, en hebreo, significa "viajar". Lea, por otra parte, no era tan atractiva. Tenía ojos débiles, lo que seguramente afectaba su apariencia. Lea, en hebreo, significa "cansar, disgustar".

Con el corazón puesto en Raquel, Jacob sirvió siete años a Labán, pero sólo le parecieron unos pocos días, por su amor que sentía por ella.

Detente y piensa unos minutos. No había máquinas que levantaran objetos pesados, ni oficinas con aire acondicionado. Fueron siete años de duro trabajo manual. Estoy seguro de que Jacob no vería el día en que recibiría a su esposa. Imagínate esperar siete años por su novia; siete años de preparación y expectativas.

> *Entonces dijo Jacob a Labán:*
> *Dame mi mujer; porque mi*
> *tiempo se ha cumplido, para*
> *unirme a ella (Génesis 29:21).*

Aunque Labán sabía que Jacob amaba a Raquel, comprendía también que su hija mayor, Lea, todavía era soltera. La tradición demandaba que ella se casara antes que Raquel. Por eso planeó un engaño. Llamó a todos los hombres de la ciudad para hacer una fiesta para homenajear al novio, Jacob. Y se aseguró de que Jacob bebiera en abundancia, para que no notara la trampa en que estaba a punto de caer.

> *Y sucedió que a la noche tomó a*
> *Lea su hija, y se la trajo; y él se*
> *llegó a ella (Génesis 29:23).*

Aquí tenemos a Jacob, que no puede esperar para desposar a su bella Raquel. Ha entregado años de duro trabajo para llegar a este día. Lo único que él quiere de Labán, es a Raquel. Pero cuando levanta las sábanas a la mañana siguiente, recibe el golpe más tremendo de toda su vida. Como dice la versión Reina Valera, "He aquí que era Lea".

¡Qué espectáculo! Era ella, la de ojos delicados. Lleno de ira, Jacob enfrentó a Labán. "¿Qué es esto que me has hecho? ¿No fue por Raquel que yo te serví? ¿Por qué, entonces, me has engañado?" Labán le dio algunas excusas, pero el final del asunto era este: si Jacob quería a Raquel, tendría que servirlo durante otros siete años.

Jacob sirvió a Labán otros siete años más para conseguir a Raquel, y durante todo ese tiempo estuvo casado con Lea. Pero él no quería a Lea. Estar con ella era como no despertarse jamás de una pesadilla.

Jacob finalmente cumplió con su obligación para con Labán, y Raquel se convirtió en su esposa.

Detengámonos por un momento y miremos las cosas desde la perspectiva de Lea. ¿Puedes imaginarte cómo se habrá sentido? Ella sabía que Jacob no la quería. No fue ella quien tomó la decisión de casarse con él en lugar de su hermana. No quiero imaginarme el dolor que habrá sufrido todos esos años. Pero en todo ese tiempo, cuando todos la rechazaban, el Señor no la despreció.

Y vio Jehová que Lea era
menospreciada, y le dio hijos;
pero Raquel era estéril
(Génesis 29:31).

Dios le dio a Lea cuatro hijos, pero en un principio, no le dio ninguno a Raquel. En tiempos bíblicos, los hijos eran un gran honor para una mujer. El Señor honró a Lea.

Después de cada nacimiento, Lea clamaba a Dios. El primer niño se llamó Rubén, y ella dijo: "El Señor seguramente ha visto mi aflicción. Ahora mi esposo me amará".

El segundo niño se llamó Simeón, y ella dijo: "El Señor ha oído que me odian, y por eso me ha dado este hijo".

A su tercer hijo le dio el nombre de Leví, diciendo: "Esta vez mi marido se unirá a mí, porque ya le he dado tres hijos" (Génesis 29:32-34).

¡Cuánto dolor debió soportar! Cada hijo mostraba su necesidad de ser amada.

Concibió otra vez; y dio a luz
un hijo, y dijo: Esta vez alabaré
a Jehová; por esto llamó su
nombre Judá; y dejó de dar a
luz (Génesis 29:35).

Esta es la primera vez en la Biblia que encontramos la palabra "alabaré". Viene de alguien que no tenía muchos motivos para alabar a Dios. Lea dio a luz alabanza. Vino de su ser más íntimo. Ella no dejó que sus circunstancias cambiaran el sentir de su corazón hacia Dios.

Lea tuvo muy poco placer en su vida. Su matrimonio fue un desastre y su propia hermana la odiaba. Pero Dios la eligió para fijar el modelo de alabanza en su Palabra.

No dejes que las tormentas de tu vida te roben la alabanza de tu corazón. Siempre puedes alabar y adorar a Dios en medio de la tormenta.

Aunque la higuera no florezca,
ni en las vides haya frutos,
aunque falte el producto del
olivo, y los labrados no den
mantenimiento, y las ovejas
sean quitadas de la majada, y
no haya vacas en los corrales;
con todo, yo me alegraré en
Jehová, y me gozaré en el Dios
de mi salvación.
Jehová el Señor es mi fortaleza,
el cual hace mis pies como de
ciervas, y en mis alturas me
hace andar
(Habacuc 3:17-19).

La alabanza es un acto de nuestra voluntad, una decisión que tomamos a pesar de nuestras circunstancias. Lea alabó a Dios por lo que él había hecho por ella en vez de quejarse por lo que no había hecho. La alabanza siempre nos lleva a concentrarnos en las bendiciones de Dios.

Diez

Comunión
con Dios

Nací en Israel, pero mi familia dejó el país cuando yo tenía siete años. Después de cumplir los veinte, tuve la oportunidad de volver con toda mi familia de visita a mi tierra natal.

Durante el viaje, mi madre trataba de hacerme recordar a mis familiares. Había tantos tíos y tías y primos que era difícil recordarlos a todos. Mi madre me contaba anécdotas sobre ellos e insistía particularmente en un tío.

"¡Oh, es igual a tu padre!", decía. "Espera a que lo conozcas. Lo querrás mucho, porque es tan parecido a tu padre."

Bien, finalmente llegamos a Israel y yo no veía la hora de conocer a ese tío. Mi padre era mi mejor amigo, y si alguien era como él, yo quería conocerlo. Mientras íbamos en el auto camino a la casa de mi tío, yo estaba muy entusiasmado.

Mi madre seguía contándome anécdotas sobre él, y me decía: "Recuerda, hijo, es el hermano de tu padre. Tiene tu mismo apellido. Es igual a tu padre".

Así que llegamos a la casa de mi tío, y mientras mi madre golpeaba a la puerta, lo único que yo podía pensar era cuántas cosas tendríamos para decirnos después de no habernos visto en trece años. Mi tío abrió la puerta, y aunque yo no lo recordaba... ¡bueno! ¡Sí que se parecía a mi padre!

Tenía dos horas o algo así para pasar con él y realmente llegar a conocerlo. Por eso comencé a hablar sobre las cosas de las que hablábamos con mi padre. Comencé con los deportes; pero no le interesaban. Le pregunté sobre las carreras de autos; no le interesaban. "Bueno," pensé, "a mi padre le encantan las luchas. Le preguntaré sobre eso." Mi tío jamás había visto una lucha.

Pronto me di cuenta de que no teníamos absolutamente nada de qué hablar, y que la próxima hora y cincuenta y cinco minutos pasarían muy lentamente. Eramos familiares y hasta nos parecíamos físicamente, pero no teníamos comunión. Yo no tenía nada en común con él.

Más allá de la relación

Esa visita a mi tío es el mejor ejemplo que puedo encontrar para describir la diferencia entre relación y comunión. La relación define quiénes somos, pero la comunión define a quiénes conocemos. Yo tenía una relación familiar con mi tío, pero no lo conocía.

Me pregunto cuántas personas en el cuerpo de Cristo están relacionadas con Dios pero no tienen comunión con él. Creen que lo conocen por lo que otros le han contado sobre él, pero no tienen una comunión real con el Dios vivo.

La relación no remplaza a la comunión. ¡Qué privilegio tenemos, de llegar ante el Dios vivo y poder conocerlo! Él nos desea tanto como nosotros lo deseamos a él. Él anhela la comunión con nosotros tanto como nosotros deseamos tener comunión con él. Mi oración es que nunca perdamos el hambre de conocerlo.

Es incontable la cantidad de veces que me hacen esta pregunta: "¿Qué sucede una vez que he entrado en su presencia? ¿Qué hago entonces?" Creo que sucederán muchas cosas una vez que hayas entrado en la presencia de Dios. Pero la más importante es que entras en comunión con él. Cuanto más tiempo pasamos en comunión, más nos cambia Dios para que seamos como él.

La adoración nos lleva a tener comunión con Dios. Es lo que hacemos cuando entramos a su presencia.

Desde el mismo comienzo, Dios siempre ha buscado tener comunión con su creación, la humanidad. Cuando leemos el relato de Adán y Eva en Génesis, vemos una situación en la que el hombre recibió muchísimo, para que lo disfrutara, porque Dios lo amaba y quería tener comunión con él.

El primer día, Dios creó la luz y las tinieblas; el segundo día, el firmamento y las aguas; el tercer día, la tierra y la vegetación. el cuarto día, el Sol, la Luna y las estrellas fueron puestos en su lugar. El quinto día, nacieron los peces y las aves, y el sexto día Dios creó los otros animales y al hombre. Dios creó todo para que el hombre pudiera disfrutar de su creación.

> *Entonces dijo Dios: Hagamos al hombre a nuestra imagen, conforme a nuestra semejanza; y señoree en los peces del mar, en las aves de los cielos, en las bestias, en toda la tierra, y en todo animal que se arrastra sobre la tierra (Génesis 1:26).*

Piensa conmigo por un momento. Dios creó al hombre para tener comunión con la humanidad. Él hizo todo lo que leemos en Génesis 1 y 2 para este hombre. Al hombre se le dio toda la Tierra para que la gobernara. No tenía pecado, y vivía en un medio ambiente perfecto. Desde crear la Tierra hasta hacerle una esposa, Dios ministró las más profundas necesidades de este hombre, porque amaba a su creación y quería que tuviera comunión con él.

Génesis 3 presenta un evento catastrófico. El hombre y la mujer pecan contra Dios, contra el mismo que les dio una vida tan abundante. ¿Qué fue lo que realmente se perdió en esta caída? Muchas cosas cambiaron para el género humano, pero la mayor pérdida fue la comunión entre Dios y el hombre, que se quebró por primera vez.

Adán y Eva perdieron su propósito cuando perdieron la comunión con Dios. Después que el hombre y la mujer pecaron contra Dios, se encontraron desnudos y llenos de vergüenza.

> *Y oyeron la voz de Jehová Dios que se paseaba en el huerto, al aire del día; y el hombre y su mujer se escondieron de la presencia de Jehová Dios entre los árboles del huerto. Mas Jehová Dios llamó al hombre, y le dijo: ¿Dónde estás tú? (Génesis 3:8, 9)*

Dios volvió para hablar con Adán como si no supiera de su pecado. "Adán, ¿dónde estás?" No era que Dios no supiera lo que había sucedido, pero buscaba a Adán porque su comunión se había quebrantado.

Adán había perdido la razón de su existencia: disfrutar de la comunión con Dios. Por eso, Dios envió a Jesús a morir por nosotros. Sí, él vino a salvarnos de nuestro pecado, pero el propósito final de salvarnos de nuestro pecado era restaurar nuestra comunión con Dios.

> *Si confesamos nuestros pecados, él es fiel y justo para perdonar nuestros pecados, y limpiarnos de toda maldad (1 Juan 1:9).*

Hoy, tu comunión con Dios puede ser restaurada, simplemente, al pedirle a Dios que te perdone. Es así de simple. Sólo confiésale tus pecados y él tocará tu corazón con su amor y perdonará cada uno de ellos. Una vez que te haya perdonado, respóndele en adoración por todo lo que ha hecho por ti.

Sustitutos de la comunión

¿Cuántas personas, en la actualidad, tienen verdadera comunión con Dios? Tenemos reuniones de comunión en nuestros hogares y nuestras iglesias. Tenemos comunión unos con otros, pero lamentablemente descuidamos tener comunión con Aquél que nos creó con ese mismo propósito. Es tan fácil poner otras cosas en lugar de la comunión con él...

Esto quizá me meta en problemas, pero voy a decirlo: algo que la gente usa muchas veces como sustituto de la comunión con Dios es el estudio de su Palabra. Debemos comprender que es posible conocer la Palabra de Dios y al mismo tiempo, no tener comunión con él. Lo que es importante no es pasar tiempo en la Palabra, sino pasar tiempo en comunión con él. Nunca sustituyas la comunión con Dios por el estudio de su Palabra.

Algunas veces descuidamos la comunión con Dios porque estamos demasiado concentrados y tensos por saber qué es lo que Dios quiere que hagamos. Nos bombardean con seminarios, conferencias y enseñanzas sobre "Cómo encontrar su propósito", "La voluntad de Dios para su vida", y otros.

Pero si pasamos demasiado tiempo tratando de encontrar la dirección que debemos seguir, perderemos de vista nuestro propósito. Como cristianos, debemos recordar que, en medio de todo lo que hacemos por Dios, nuestro primer y más importante llamado es a conocerlo, amarlo y adorarlo. Ese es nuestro propósito, y cualquier cosa que sea menos que eso no sirve como propósito.

La mismísima razón por la que Dios nos creó fue para que tuviéramos comunión con él. El nos dio la capacidad de conocerlo y puso en nosotros el instinto de adorarlo.

Dios nos dio su salvación de amor para que pudiéramos ser sus hijos y estar llenos del deseo y la pasión de amarlo y adorarlo. Por eso no sólo fuimos creados sino llamados por su nombre.

> *...todos los llamados de mi*
> *nombre; para gloria mía los he*
> *creado, los formé y los hice (...)*
> *Este pueblo he creado para mí;*
> *mis alabanzas publicará*
> *(Isaías 43:7, 21).*

Hoy, si sientes que has perdido tu propósito, o si sientes que no lo tienes, quiero que sepas que Dios te anhela. Te ha estado buscando, peguntándose qué sucedió con la comunión entre él y tú.

No hay cosa que dé mayor plenitud a la humanidad que adorar a Dios. Nada en la Tierra puede remplazar a la adoración del Dios verdadero. La gente la busca en todos los caminos de la vida, pero la vida y el propósito de la vida sólo se encuentran al entrar en la presencia de Dios en adoración.

Lo que el corazón de cada creyente experimenta en ese momento no puede ser sustituido o cambiado por nada.

No puedes apurar la adoración

Gran parte de nuestro problema en la actualidad es que nuestra comunión con Dios es muy apresurada. A muchos les cuesta quedarse en presencia de Dios sin pensar que tienen que apurarse para ir a hacer alguna otra cosa. Muchos adoran a Dios con sus labios, mientras hacen planes para irse de vacaciones, o piensan en el almuerzo, o miran el reloj, preguntándose cuándo terminará el culto. Eso no es comunión con Dios.

Debemos comprender que Dios se deleita cuando venimos a buscarlo porque queremos, no para cumplir con una obligación religiosa. Dios siempre ha estado anhelando que su pueblo volviera a él, no sólo para aceptarlo, sino para buscarlo.

Se me parte el corazón cuando estoy en un culto y veo la mirada perdida en los rostros de los hijos de Dios, durante el "tiempo de adoración". Parece que hubieran perdido el motivo por el que se reúnen. Están más preocupados por ver quién se sentó en el primer banco que por perderse en adoración. Miran a su alrededor mientras el director de adoración trata de llevarlos a la presencia de Dios. Algunas veces quieren que termine la adoración para poder pasar a la Palabra.

Una vez escuché que un pastor le decía a su congregación: "Es más importante que yo enseñe la Palabra que la gente empiece a adorar". Se me partía el corazón al escuchar estas palabras. Pensé: "¿Hay algo más importante que adorar a Dios?" Es la razón por la que fuimos creados. Yo no fui creado para ir a la iglesia, aunque eso es importante. No fui creado para escuchar predicar a un hombre, aunque eso es importante. Fui creado para amar al Dios que me creó y tener comunión con él. La Biblia dice:

*Señor, digno eres de recibir la
gloria y la honra y el poder;
porque tú creaste todas las
cosas, y por tu voluntad existen
y fueron creadas
(Apocalipsis 4:11).*

David era movido por su deseo y su pasión por adorar a Dios. Él expresó sus sentimientos en una forma muy bella en el Salmo 42.

*Como el ciervo brama por las
corrientes de las aguas, Así
clama por ti, oh Dios, el
alma mía.
Mi alma tiene sed de Dios, del
Dios vivo; ¿Cuándo vendré, y
me presentaré, delante de Dios?
(Salmo 42:1, 2)*

¿Quién puso ese deseo en David? ¿Quién puso el deseo en ti? ¿Fue un hombre, o un ministerio, o quizá la iglesia? La respuesta es un enfático: ¡No! Fue Dios quien puso en tu corazón el deseo de adorarlo.

Algunas personas siguen adorando otras cosas. Algunos adoran al dinero, autos, compras, casas u otras cosas materiales. Algunos adoran al fútbol, el básquet o el hockey. Otros incluso adoran cosas espirituales, como un mensaje en especial, o un hombre de Dios, o el don de profecía o un movimiento en especial dentro del cuerpo de Cristo.

Dios no busca nuestra adoración; Dios nos busca a nosotros. Él no espera que tú cantes otra canción; te espera a ti.

Él no necesita nuestra adoración para satisfacer una especie de codicia. Cuando te pones a pensarlo, ¿qué podemos, en realidad, ofrecerle, que no le pertenezca ya a él? Mi capacidad o mi canción no van a darle una gloria que ya no haya recibido. Toda la creación es suya. Toda la Tierra y los cielos le pertenecen. Todas las criaturas fueron hechas por él. Toda la unción, todo el poder y todo el honor son suyos.

¿Has pasado alguna vez diez minutos pensando en la majestad de Dios o en su vastedad? ¡Él es omnisciente, omnipotente y omnipresente! ¡Todo lo sabe, todo lo puede, está en todas partes al mismo tiempo! ¡Darse cuenta de que el increíble y eterno Dios en realidad nos está buscando a nosotros, verdaderos adoradores, realmente te hace quedar sin palabras!

Por favor, recuerda que Dios fue adorado desde la misma fundación del mundo. Nehemías escribió que las huestes celestiales lo adoraban (Nehemías 9:6). Dios fue adorado aun antes de que el hombre entrara en escena.

Dios no necesita nada de nosotros, pero *desea* tener comunión con nosotros. Él busca que el hombre lo adore desde lo profundo de su espíritu, en espíritu y en verdad.

> *Un abismo llama a otro a la voz*
> *de tus cascadas; todas tus ondas*
> *y tus olas han pasado sobre mí*
> *(Salmo 42:7).*

Un abismo llama a otro

Este versículo declara que un abismo llama a otro abismo. Dios llama a las partes más profundas de nuestro espíritu para que vengan a conocer las cosas profundas que hay en él.

Dios llenará nuestros espíritus con sus fuentes de agua viva. Recuerda lo que Jesús le dijo a la mujer junto al pozo:

> *Cualquiera que bebiere de esta*
> *agua, volverá a tener sed; mas el*
> *que bebiere del agua que yo le da-*
> *ré, no tendrá sed jamás;*
> *sino que el agua que yo le daré*
> *será en él una fuente de agua que*
> *salte para vida eterna*
> *(Juan 4:13, 14).*

Nosotros, como pueblo de Dios, deseamos ver más de la presencia de Dios en nuestras vidas, en nuestras iglesias, nuestros hogares y nuestra nación. Pero esto no sucederá simplemente porque cantemos algunas canciones. Dios nos llama a un andar más profundo y a un compromiso más serio con él. Él quiere que estemos dispuestos a pasar más tiempo con él para que él pueda derramar sus tesoros divinos en nuestros corazones.

Hambre de Dios

En todos mis viajes y mis oportunidades de ministrar aquí y en otros países, he notado un deseo común en el pueblo de Dios. En el culto, pregunto: "¿Están ustedes más hambrientos de Dios que nunca antes?" ¡Y siempre me responden con un ¡Sí! resonante! Ya sea en Alemania o en Indonesia, las personas tienen hambre. Hay un verdadero deseo en los corazones del pueblo de Dios, de tener más de Dios y menos de "jugar a la iglesia".

Si yo te preguntara ahora mismo, mientras lees este libro: "¿Tienes más hambre de la presencia de Dios en tu vida y en tu corazón?", mi oración es que tu respuesta sea: "Sí." Si no lo es, entonces espero que haya cambiado para cuando termines de leerlo.

En todos los años que llevo viajando y ministrando, he tenido un solo deseo en mi corazón. Continuamente oro: "Revélate a las personas que tienen hambre de ti. Abre sus corazones para que te den una adoración pura y sin mancha."

Cuando entramos en adoración, estamos entrando en comunión con nuestro Padre celestial e intimando con él. Es algo que demanda la totalidad de nosotros, todo nuestro corazón, toda nuestra alma, toda nuestra mente.

En el libro de Juan hay otro versículo que toca mi corazón en forma muy especial:

> *Y esta es la vida eterna: que te*
> *conozcan a ti, el único Dios*
> *verdadero, y a Jesucristo, a*
> *quien has enviado (Juan 17:3).*

Conocerlo a él es más que una mansión en la gloria, más que recibir una corona. Conocerlo es vida eterna. No voy a tener que esperar a morir para experimentar el cielo. Puedo experimentar el cielo aquí mismo, en la Tierra, a medida que lo conozco a él. Cuando Jesús dice: "Padre, que te conozcan", está diciendo: "que puedan percibirte, reconocerte, familiarizarse contigo, entenderte".

El rey David le encargó a su hijo Salomón algo que debe ser cumplido por todo hombre y mujer. Veámoslo en dos partes.

> *Y tú, Salomón, hijo mío,*
> *reconoce al Dios de tu padre, y*
> *sírvele con corazón perfecto y*
> *con ánimo voluntario; porque*
> *Jehová escudriña los corazones*
> *de todos, y entiende todo intento*
> *de los pensamientos*
> *(1 Crónicas 28:9).*

David instó a su hijo a conocer a Dios. Luego le dijo que lo sirviera. Esto tiene sentido, ya que si no conocemos a Dios, ¿cómo podremos servirle? Luego continuó:

Si tú le buscares, lo hallarás;
mas si lo dejares, él te desechará
para siempre
(1 Crónicas 28:9).

La adoración es la forma en que busco a Dios. David promete que si busco a Dios, él me permitirá llegar a conocerlo y aprender sus caminos.

La adoración demanda una relación íntima de amor con Dios en la que le hablo y me aferro a él con todo mi corazón. Eso no significa que me convierta en alguien tan espiritual que no sirva para estar en la Tierra. Pero sé que Dios desea que nuestra comunión esté llena de pasión. Para mí, uno de los versículos más conmovedores de la Palabra de Dios se encuentra en Filipenses 3:10:

...a fin de conocerle, y el poder
de su resurrección, y la
participación de sus
padecimientos, llegando a ser
semejante a él en su muerte,...

El deseo más profundo de Pablo era conocer a Dios. Este debería ser nuestro mayor deseo también.

Somos llamados a ir más allá de una simple relación con Dios, para tener comunión con él. No hay nada que pueda sustituir el sentarse a sus pies y permitir que la profundidad de nuestro espíritu conozca las cosas profundas que hay en él. Dios desea tener comunión con aquellos que creó con ese propósito. Nuestro hambre de tener más de Dios será satisfecho cuando lleguemos ante él para conocerlo.

Once

Primero adora, luego sirve

Recuerdo que en los primeros años de mi ministerio, lo único que yo quería era servir al Señor. Comencé como portero del templo, e incluso antes de eso, ya viajaba con mi hermano.

Una de las lecciones más valiosas que aprendí fue servir al hombre de Dios. Esta es una gran lección para todos aquellos que quieren ser usados por Dios. Todos tenemos alguien a quien servir; mi "alguien" era mi hermano. Él fue el instrumento que Dios usó para ayudarme a prepararme para el ministerio. Cuando servimos bajo el ministerio de otra persona, Dios puede enseñarnos cosas que no aprenderíamos de otro modo.

Ha habido muchas enseñanzas sobre la unción de Dios. Una de las cosas más importantes que debemos aprender es que junto con la unción de Dios viene la responsabilidad.

He sido bendecido al servir en el marco de un ministerio que realmente comprende la unción de Dios. He aprendido que Dios hace siervos, no líderes. Tenemos que aprender a servir a Dios durante todo el tiempo que sea necesario.

Algunas personas viajan muchos kilómetros para llegar a algunas reuniones para recibir una doble porción de la unción. Hay seminarios que nos enseñan "Los secretos de la unción", "Cómo operar en la unción", "Cómo derrotar las tinieblas espirituales", o "Cómo profetizar". La publicidad nos insta a ir a este culto o a aquella otra reunión para aprender cómo debemos desarrollar nuestros dones.

La unción de Dios no es algo que ocurre de un día para otro. No se puede aprender en un seminario. La unción viene luego de años de fiel servicio.

Al leer 2 Reyes, encontramos algo grande en la vida de Eliseo. Él no fue conocido por su ministerio, sino por su servicio. Cuando Josafat quiso un hombre de Dios, que viniera con la palabra de Dios en su boca, uno de sus siervos dijo: "Aquí está Eliseo hijo de Safat, que servía a Elías" (2 Reyes 3:11).

Creo que Dios eligió a Eliseo como sucesor de Elías porque Eliseo servía a Elías. En la misma forma, Josué sirvió a Moisés, y David a Saúl.

Quienes sirven bajo el liderazgo de un pastor deben orar para captar el espíritu y la visión de su pastor. Yo aprendí en carne propia la importancia de servir fielmente al pastor, y como resultado, Dios me ha confiado un ministerio.

Si deseas ser usado por Dios, debes saber que no está bien tratar de construir sobre el fundamento puesto por otro hombre. Cuando Dios te coloca en el ministerio de otra persona para servir, no comiences a planear tu futuro. Tu futuro está en las manos de Dios. Si sirves fielmente a ese hombre o a esa mujer de Dios, Dios será quien te ungirá y te dará un ministerio. Pero él lo hará a su tiempo, cuando tú estés listo.

Cuando los que sirven en un ministerio no han captado la visión y el espíritu del pastor, algunas veces piensan que la unción de Dios está en ellos tanto como en el pastor. Creen que su unción es la misma que la de su pastor. Esa clase de persona ve su servicio como un escalón más hacia sus metas personales.

Dios no hace líderes. Él hace siervos que se convierten en líderes. Mi oración es que haya unidad entre los pastores y los líderes de la iglesia. Ha habido demasiado derramamiento de sangre en el cuerpo de Cristo. Hombres y mujeres son llamados a un lugar y luego se van y comienzan su propia obra porque no se llevan bien con el pastor. Demasiadas iglesias se han dividido porque algunos no comprenden la unción de Dios y lo que significa servir.

Con esto no deseo desanimar a nadie, sino ayudarte a comprender que la unción de Dios construye, no divide. La unción del Espíritu me da un amor más profundo por el siervo de Dios, de modo que, cuando vengan los tiempos difíciles, no me iré; me mantendré en mi lugar. Y eso no quiere decir unos pocos meses, sino, algunas veces, muchos años.

Uno de los privilegios más grandes que he tenido ha sido servir en el ministerio de mi hermano durante diecisiete años. No cambiaría esos años por nada en el mundo. Durante ese tiempo aprendí cosas que me ayudaron a moldear mi vida en el servicio a Dios.

La época del ministerio unipersonal debe terminar. Dios está formando equipos de hombres y mujeres liderados por el pastor. Pero debemos tener cuidado, cuando estamos en un puesto de servicio, de continuar sirviendo a Dios, y no al ministerio. Servir a un ministerio te llevará al desaliento y finalmente apagará el mover del Espíritu Santo en ti.

Cuando hay una necesidad en la casa de Dios y alguien se levanta y dice: "Pastor, estaré feliz de servir", eso agrada a Dios.

El servicio agrada a Dios

Aquellos que sirven como ujieres, o cuidando los niños, los maestros y maestras de escuela dominical, los que dan de su tiempo en la casa del Señor con corazón puro, lo hacen como una parte de su adoración. Dios se deleita en la adoración que implica servicio.

Ahora pues, Israel, ¿qué pide Jehová tu Dios de ti, sino que

temas a Jehová tu Dios, que
andes en todos sus caminos, y
que lo ames, y sirvas a Jehová
tu Dios con todo tu corazón y
con toda tu alma;...?
(Deuteronomio 10:12)

Hay una conexión muy estrecha entre el servicio y la adoración. La palabra griega que se traduce como "servicio", *latreuo*, se refiere a una ofrenda o servicio que se entrega sin esperar recompensa. Significa ministrar a Dios; hacer el servicio de adoración en reverencia; un servicio a Dios con un profundo compromiso del corazón.

Un sabio hombre de Dios me dijo una vez: "Sólo puedes ministrar *para* él si le has ministrado *a* él."

Algunas personas sirven a Dios y sustituyen la adoración con el servicio. La adoración es una relación y una comunión con Dios, no ritos mecánicos y fórmulas.

No deberíamos sentirnos movidos a servir a Dios hasta que hayamos conocido el gozo de adorar al Señor.

El servicio no sustituye a la adoración

El orden es el siguiente: primero adoro, luego sirvo.

En muchas iglesias se ve lo contrario. Hay mucho servicio y poca adoración. ¿Qué sucede con aquellos que se ven atrapados por el "funcionamiento" de un ministerio? Su relación con Dios llega a depender de su funcionamiento en vez de la adoración.

La adoración no es cuestión de repeticiones mecánicas. Es lo que permite que un creyente conozca a Dios y se enamore de él. Si adorar a Dios no es el objetivo principal del creyente, el resultado del servicio es fórmulas y ritos mecánicos.

Que nada te distraiga de la adoración

Por favor, ten cuidado con las distracciones que te mantienen atado a cosas que no son importantes. Todos conocemos la historia de Marta y María: cómo Marta estaba ocupada cocinando y limpiando, mientras María se sentaba a los pies del Señor y escuchaba su Palabra.

> *Pero Marta se preocupaba con muchos quehaceres, y acercándose, dijo: Señor, ¿no te da cuidado que mi hermana me deje servir sola? Dile, pues, que me ayude. Respondiendo Jesús, le dijo: Marta, Marta, afanada y turbada estás con muchas cosas. Pero sólo una cosa es necesaria; y María ha escogido la buena parte, la cual no le será quitada (Lucas 10:40-42).*

No importa cuán necesario seas en tu área particular de servicio; no puedes descuidar tu propia comunión con el Señor. Por ejemplo, puedes ser una persona que cuida fielmente de los niños durante el culto. Eres tan capaz y dispuesta a servir que existe la tentación de trabajar durante todos los cultos. Pero si lo haces, no tendrás la oportunidad de adorar junto con los demás creyentes. Puedes desanimarte fácilmente y sentirte aislada en tu ministerio.

> ..no dejando de congregarnos,
> como algunos tienen por
> costumbre, sino exhortándonos;
> y tanto más, cuando veis que
> aquel día se acerca
> (Hebreos 10:25).

Recuerdo que hace unos pocos años un gran hombre de Dios profetizó sobre mí. En su palabra, afirmó: "No puedes ministrar para él hasta que le hayas ministrado a él." Él no sabía de mi profundo deseo de adorar y servir a Dios, pero Dios habló por su intermedio para advertirme sobre una trampa que espera a todos los que quieren servir a Dios. La trampa es poner el servicio por encima de la adoración.

Este es un principio muy importante. Primero adoro, luego sirvo. Existe un peligro tremendo cuando todo lo que hago para Dios se basa en el servicio.

La adoración demanda que esté en su presencia y le ministre a él. Nunca llegues a un punto en tu corazón en que tu deseo de servirle sea mayor que tu deseo de adorarle. En ese punto tu corazón se seca, queda

vacío y despojado de la presencia de Dios.
La adoración se basa en el amor de mi corazón y la pasión que siento por el Señor,
no en lo que hago.

Doce

Una palabra especial para los pastores

Dios me ha dado un gran amor por sus siervos. En mis viajes he tenido el privilegio de conocer algunos de los más maravillosos hombres y mujeres de Dios. Son hombres y mujeres con un corazón realmente dedicado a Dios.

Quiero ocupar algunas páginas para tratar temas que son preocupaciones especiales de pastores y líderes. (Sin embargo, si no te consideras pastor o líder, no dejes de leer. Creo que esta información también puede ser útil para ti.)

En los últimos años, Dios ha puesto una gran carga en mi corazón por las iglesias pequeñas. He ido a estas iglesias y he ministrado allí, y he vuelto a casa más bendicido que la gente que asistía a los cultos. Volví a casa con un amor aún mayor por Dios y por estos hombres y mujeres.

Algunas veces le damos demasiada importancia a la cantidad de gente o a cuán grande son los templos. Siempre he tenido la firme opinión de que el verdadero crecimiento de la iglesia no se basa en números. El verdadero crecimiento de la iglesia se mide en cuánto refleja esa gente a Jesús: su amor, su gracia, su misericordia, su compasión y su confianza.

Muchas veces me preguntan: "¿Cómo puede ser que la iglesia de tu hermano Benny está siempre llena de gente y que a sus cruzadas asistan multitudes? ¿Cómo consiguen que vaya tanta gente?" Las reuniones de Benny quizá parezcan multitudinarias ahora, pero creo con todo mi corazón que cuando llegue el avivamiento, todas las iglesias estarán repletas de gente. Los mejores días de la iglesia están por llegar aún.

El problema no es el crecimiento. El problema es cuando queremos tanto el crecimiento que empezamos a probar distintos "métodos" para crecer. Dios no unge programas ni métodos. Él unge hombres y mujeres. Él no fluye a través de planes. Fluye a través de hombres y mujeres. No necesitamos más fórmulas para el crecimiento de la iglesia. Necesitamos la unción del Espíritu Santo en nuestra adoración, nuestra prédica y en los corazones del pueblo de Dios.

Vivimos en un tiempo en que la gente quiere que todo sea instantáneo, sin tiempo de preparación. Ya sea comida, éxito económico, o perder peso, lo queremos ¡ahora! Esa clase de mentalidad, lamentablemente, se ha infiltrado en la iglesia. Las personas quieren sanidad, liberación, prosperidad económica y madurez espiritual ¡ahora! Quieren resultados instantáneos y sin embargo, no están dispuestos a pasar tiempo en adoración. Algunas personas llegan a levantarse y retirarse de un culto que se extiende demasiado porque hay un mover del Espíritu Santo.

Los pastores están bajo una tremenda presión para que los cultos terminen sólo un poco después del mediodía. Después de todo, la gente tiene que ir a comer temprano.

Lamento decir que esa clase de actitud no tocará el corazón de Dios. Si no tocamos su Espíritu, su Espíritu no nos tocará a nosotros. Pero si llegamos a él, él nos tocará.

Pastores, oro para que ustedes nunca caigan en esta trampa. Que nunca lleguen a un punto en que le den a la gente sólo lo que quieren, sino que le den siempre lo que el Espíritu Santo puso en ustedes.

Sé que los pastores tienen un gran deseo de ver que los no creyentes lleguen a conocer al Señor Jesús. Hemos gastado cantidades incontables de dólares para tratar de alcanzar a los oprimidos. Hemos hecho grandes avances en métodos de evangelismo, pero debemos reconocer que la adoración es la mayor herramienta con que contamos para evangelizar. Como vimos con la mujer samaritana, un verdadero adorador puede tocar a una ciudad entera para Dios.

Lo más importante que podemos hacer como pastores es mantener fuerte nuestra propia comunión con Dios. Sólo así podremos darle a nuestro pueblo lo que necesita. El pastorado implica mucho trabajo, y es muy fácil estar tan ocupado sirviendo a Dios que descuidamos nuestro tiempo que pasamos con él.

En el capítulo sobre el servicio, te insté a adorar primero y luego servir. Los que estamos en el ministerio de tiempo completo algunas veces actuamos como si fuéramos excepciones a esa regla. Pero no lo somos. Si lo único que hacemos en el ministerio es servir, comenzamos a depender de fórmulas y ritos en vez de depender de la unción del Espíritu Santo. Empezamos a hacer cosas para agradar a la gente.

Las distracciones pueden robarnos nuestro tiempo con Dios muy fácilmente. Aunque la distracción sea algo religioso, no dejes que te impida pasar el tiempo que necesitas estar con el Señor para poder ministrar efectivamente a su pueblo.

> *Atráeme; en pos de ti correremos. El rey me ha metido en sus cámaras; nos gozaremos y alegraremos en ti; nos acordaremos de tus amores más que del vino; con razón te aman (Cantares 1:4).*

Ven a él solo

Tenemos una gran necesidad de venir solos a la cámara del Rey. El que nos ha llamado desea que vengamos a estar a solas con él. Lo que más necesitamos no es aprender cómo hacer para que nuestra iglesia crezca o cómo ministrar bajo la unción, sino pasar tiempo con el Señor. Si no tenemos una relación íntima con el Espíritu Santo, no tenemos nada para dar. Nuestras enseñanzas no tendrán vida ni fruto.

Si no adoramos primero, después, cuando nos paremos al frente, no tendremos nada para ministrar, porque nada ha sido concebido en nuestro espíritu, del Espíritu Santo. Cuando esto sucede, la adoración de nuestra iglesia se convierte en un ritual vacío y que tiende a robarse el mover del Espíritu.

Pero cuando Dios deposita su semilla en nosotros, siempre hay algo para ministrar al pueblo.

La iglesia está repleta de ministerios. Tenemos actividades para toda la vida. Necesitamos volver a la adoración y construir la casa de Dios sobre la adoración, no sobre conceptos administrativos.

Juan 12:32 dice: "Y yo, si fuere levantado de la tierra, a todos atraeré a mí mismo." Este es el mejor principio para el crecimiento de la iglesia. Si exaltamos y levantamos el nombre de Jesús, él atraerá a la gente.

Trece

Un nuevo sonido está llegando

Todos admiramos a alguien. En música y adoración, para mí, ese alguien es Phil Driscoll. Su música me ha llegado y me ha bendecido durante toda mi vida como creyente. Phil es realmente uno de los músicos más ungidos y talentosos del mundo. Recuerdo que cuando él venía a nuestra iglesia en Orlando, yo siempre oraba para poder tener la oportunidad de presentarlo en el culto. Así lo conocí.

Desde entonces, el impacto del ministerio de Phil en mi vida se ha intensificado. Realmente llegué a conocerlo bien mientras estuvimos juntos en Detroit. Era un punto crucial para su ministerio, y él me llamó y me pidió que fuera a estar con él. Durante esa semana, Dios construyó una amistad que ha significado muchísimo para mí.

Durante muchos años, Phil había dado

sólo un recital en cada iglesia. Muy raras veces daba dos recitales seguidos en algún lugar. Su agenda, increíblemente ocupada, lo había llevado a actuar en dieciocho ciudades por mes, durante los últimos diez años. Detroit fue el punto de cambio. Allí le pidieron que fuera a ministrar durante cinco noches, además de enseñar todas las mañanas y ministrar en el canto. Cada culto estuvo lleno de la gloria de Dios. Dios honró la fe de Phil y el deseo de su corazón de ministrar al pueblo de Dios y de llevarlo a su presencia. El mover de Dios fue verdaderamente extraordinario: sanó, liberó y rompió ataduras en las vidas de las personas. Dios estaba haciendo una obra grande y nueva en la vida de Phil. Yo me gocé con él por la forma en que Dios estaba cambiando las vidas de las personas, pero el cambio mayor se produjo en mí.

Dios lo usó para llevarme al más alto nivel de adoración que yo hubiera conocido jamás. Al sentarme a escuchar a este hombre de Dios ministrar la Palabra, mi vida cambió para siempre. El cuerpo de Cristo necesita saber que él es tan ungido para enseñar como lo es para tocar la trompeta. Dios le ha dado a Phil una profunda revelación de adoración a partir de su Palabra.

La adoración fue impartida a mi vida en una nueva y fresca dimensión. El fruto que surgió de esos cultos fue un casete llamada "In His Presence" (En su presencia). En él están muchas de las canciones espontáneas que Dios le dio en esos cultos. Es el casete de adoración más ungida que he escuchado en mi vida. Mis hijos se van a dormir escuchando esas canciones todas las noches. Es adoración refrescante, que nunca envejece.

Tengo una eterna deuda para con este hombre de Dios que ha influido en mi vida y en mi ministerio. Oro para que al leer este capítulo, el hambre de adorar a Dios brote en tu corazón. ¡Phil, un nuevo sonido está llegando a la Tierra!

En Su Presencia, por Phil Driscoll

Hoy creo que nosotros, como cuerpo de Cristo, estamos en un nuevo día. Soplan nuevos vientos. Sé en mi corazón que un nuevo sonido está llegando a la Tierra. Durante muchos años sentí que la música de Dios no sólo debía ser diferente, sino que también debía cambiar vidas. Si Dios es quien decimos que es: lleno de poder, capaz de hacer milagros, lleno de luz, entonces, la música que toquemos debe reflejar ese poder. La música fue creada para ser una fuerza de adoración a Dios. En la misma forma, la adoración debe reflejar el mismo carácter y la misma naturaleza de Dios.

No digo que los cristianos no deban tocar o cantar música que no sea ungida. Sé con certeza que habrá momentos para hacer canciones que sean puras, honestas y de buen nombre, que no necesariamente sean ungidas o llenas de la presencia de Dios. Pero el más alto llamado de la música sigue siendo adorar y alabar a nuestro Dios. Al escuchar esta música, deberíamos sentir su presencia.

Creo que la música de Dios está viniendo a la Tierra. No puedo decirte específicamente en qué se diferenciará, pero puedo decirte que incluirá lo que sea espontáneo. Dios es el maestro de la creatividad. Su música en los últimos días demostrará su maravilloso poder de creación. Nacerá por obra de su Espíritu, espontáneamente.

Como Sam mencionó, hace dos años me pidieron que ministrara durante cinco días, por la mañana y por la noche, en una iglesia situada en Detroit, Michigan. En los últimos diez años de mi ministerio, rara vez he ministrado dos noches seguidas en el mismo lugar. Yo sabía que este viaje me cambiaría la vida.

Tenía en mi corazón el intenso deseo de llevar al pueblo de Dios a su presencia en adoración. También había recibido una palabra del Señor diciendo que él iba a cambiar mi ministerio. Llamé a algunos amigos para que oraran por estas reuniones. Sam fue uno de ellos. Le pedí que viniera a estar conmigo. Ninguno de los dos sabía exactamente qué sucedería.

Comencé a compartir con la gente lo que Dios me había enseñado sobre la adoración. La presencia de Dios se hacía más intensa en cada culto. Cantamos. Lloramos. Gritamos. Casi toda la adoración era totalmente espontánea. Sólo canté unas pocas canciones con cinta de acompañamiento. Este era un nuevo comienzo para mi ministerio. Supe que el Señor me estaba llamando a quedarme en los lugares durante más de una noche. También me estaba llamando a ministrar a músicos y cantantes y afectar sus vidas con su unción. Supe en mi corazón que la visión que había estado anhelando, había nacido.

La música en la adoración

Una de las necesidades más grandes en la adoración colectiva es la de recuperar el prototipo de música que Dios le dio a Salomón. En la época de David, los músicos ministraban delante de Dios constantemente. Había un sonido continuo elevado a Dios.

Cuando Salomón dedicó el templo, tenía un grupo completo de músicos cuya tarea principal era ministrar ante el Señor y estar ante su presencia continuamente. Ellos hacían que su poder estuviera siendo liberado en forma constante.

> *...cuando sonaban, pues, las trompetas, y cantaban todos a una, para alabar y dar gracias a Jehová, y a medida que alzaban la voz con trompetas y címbalos y otros instrumentos de música, y alababan a Jehová, diciendo: Porque él es bueno, porque su misericordia es para siempre; entonces la casa se llenó de una nube, la casa de Jehová. Y no podían los sacerdotes estar allí para ministrar, por causa de la nube; porque la gloria de Jehová había llenado la casa de Dios* (2 Crónicas 5:13, 14).

Es una verdad fundamental que la música hace que venga la presencia de Dios.

La música invoca su presencia, cuando está dirigida hacia él. En el Antiguo Testamento, la música era una parte fundamental del estar en la presencia de Dios... pero hoy, para muchos creyentes, se ha reducido a una parte pequeña, insignificante, de la adoración. Es el "ruido de fondo", un relleno. Muchísimos pastores dicen: "Bueno, toquen dos canciones y después pasamos a la Palabra."

La razón por la que debemos ser llenos de la Palabra es que nos enseña, nos amonesta y nos muestra el sistema y el plan de Dios para nuestras vidas. Hace crecer nuestra fe. Jesús fue la Palabra hecha carne, y cuando él andaba en la Tierra, todos experimentaban su presencia. Cuando adoramos a Dios, experimentamos su presencia. ¿Es la adoración menos significativa que la Palabra? Por supuesto que no. La Palabra nos enseña: "La exposición de tus palabras alumbra" (Salmo 119:130). Su palabra da luz: revelación. La adoración trae su gloria: su presencia manifiesta.

Muchas iglesias viven bajo la tradición, y su música es vencida aun antes de que lleguen a Dios. Su comprensión de la adoración se ve limitada al pensar que a Dios no le gusta esta clase o aquella clase de música. Comprendamos esto: no hay instrumentos "de Dios" e instrumentos "que no son de Dios". Todos los instrumentos fueron creados por Dios para su deleite. Dios es omnisciente, todo lo sabe. Él escuchó y comprendió toda la música aun antes de que fuera creada. Escuchó todas las notas antes de que fueran ejecutadas. Conoció cada melodía, cada armonía, cada ritmo, *antes de que fueran*. Lo que hace que la música sea "de Dios" o no sea "de Dios" es el espíritu de quienes la cantan o la ejecutan y las palabras que comunica.

La Biblia dice que las estrellas cantaron cuando Dios creó el mundo (ver Job 38:7). Hoy tenemos la tecnología que nos permite captar las ondas de sonido de las estrellas y retransmitirlas en sonidos que podemos escuchar. La música suena de continuo en los cielos y controla su atmósfera.

La música hace dos cosas. Comunica poder espiritual, o unción, y comunica mensajes. Las personas escuchan la música con sus corazones, no con sus mentes, porque es una fuerza espiritual. Cuando escuchas un sermón, hay miles de palabras pronunciadas. La música no se construye así. La música puede tomar una palabra y construir un sonido a su alrededor, de forma que al oírla, los resultados sean mucho más poderosos que cuando simplemente se la dice.

En él estaba la vida, y la vida
era la luz de los hombres
(Juan 1:4).

La adoración libera el poder de Dios

¿Alguna vez te preguntaste por qué el cielo es perpetuo? La Biblia dice: "En él estaba la vida".

¿Cómo sale la vida de Dios y entra en los seres celestiales? Llega allí por medio de la adoración. La adoración es el denominador común. Los cielos están continuamente llenos de adoración. Así los seres celestiales se llenan de la vida de Dios.

Muchos creyentes, en la actualidad, están agotados. Han hecho a Jesús Señor de sus vidas. Leen la Biblia. Oran, pero siguen agotados. No están caminando en los lugares altos, porque jamás aprendieron a acercarse a Dios en verdadera adoración. No saben todos los beneficios que pueden obtener cuando adoran a Dios.

Cuando adoramos a Dios tenemos la oportunidad de experimentar todo lo que pertenece a Dios y a la santidad. Cada faceta del carácter de Dios se hace accesible. Cuando nos aproximamos a Dios en la manera en que la Biblia dice que debemos venir a él, en adoración y en alabanza, experimentamos todo lo que Dios representa. No sólo una parte de su carácter o de su naturaleza, sino todos los aspectos de su ser son accesibles a todos los que le adoran en espíritu y en verdad.

Por eso la adoración es combatida tan duramente por los gobernadores de las tinieblas y es tan requerida por Dios.

Si ha habido alguna vez un momento de la historia en que la bondad de Dios necesita ser derramada sobre su pueblo, es ahora. Hemos visto una gran revelación, pero necesitamos experimentar la realidad de su presencia. Muchas veces tenemos que obligar a los cristianos a aplaudir o a gritar. No es que no quieran hacerlo, pero no comprenden la importancia que esto tiene. La alabanza debe ser incondicional. No debe ser algo que hagamos sólo cuando nos sentimos bien. Cuando no alabamos a Dios, nos abrimos a vivir en la atmósfera de este mundo y a recibir todo lo que las tinieblas nos pueden ofrecer. Cuando alabamos y adoramos a Dios, esto hace que andemos en la atmósfera del cielo y nuestros espíritus se llenan de su vida y de su luz.

La alabanza y la adoración es algo para lo cual necesitas disciplina. Es algo que todos debemos practicar con diligencia. Según su Palabra, cuando alabamos a Dios, se libera poder, pero para recibir el beneficio de este poder con el tiempo, debe ser algo continuo. La Biblia dice: "Exalten a Dios con sus gargantas" (Salmo 149:6). Ahí es donde está: *en tu garganta.*

Puede haber momentos en que no tengas deseos de alabar a Dios, de adorarlo. Pero hacerlo es la fuerza más poderosa para llevarte a su presencia. Cuando se convierte en una disciplina, responderás en situaciones de adversidad según la disciplina, en vez de hacerlo según la emoción del momento.

Cuando aprendes a pilotear un avión, especialmente los más complejos, primero vas a un simulador para aprender y practicar. En el simulador ves lo que te rodea fuera de la cabina, así como los instrumentos, palancas y controles de vuelo. Es como estar en un avión de verdad. La persona que maneja el simulador puede hacer que se rompa cualquier cosa, hasta todo el avión. Tienes que aprender a responder a todas las emergencias con las disciplinas aprendidas en vez de hacerlo con tus reacciones naturales. Eso se logra conociendo el manual de operaciones. Tienes que hacer específicamente lo que el manual dice, y en el tiempo que el manual establece. Lo primero que experimentas en un caso de emergencia es miedo, ya sea en un avión o en una situación adversa en tu vida.

Como creyente, como hijo de Dios, sabes que se supone que debes tener poder, pero si estás luchando con tus armas naturales, no hay forma de que puedas ganar. La alabanza debe convertirse en un acto de disciplina en tu vida, a tal punto que tus reacciones a las situaciones sean inmediatas y naturales. Tu alabanza invita a su presencia a que venga a tu vida, a esa situación en la que parece imposible, y allí es cuando puedes experimentar su milagroso poder liberador.

Cuando adoras a Dios, en el mismo instante en que entras a su presencia, su poder, su capacidad y su Espíritu se liberan en tu vida. Cuando eso comienza a suceder, no importa la situación que estés viviendo, tú ganas.

El Padre busca adoradores

Mas la hora viene, y ahora es, cuando los verdaderos adoradores adorarán al Padre en espíritu y en verdad; porque también el Padre tales adoradores busca que le adoren (Juan 4:23).

En la actualidad, las iglesias están llenas de programas, demostraciones especiales de talento y de producción. Muchas iglesias llaman a sus cultos "cultos de adoración", pero muy poca adoración tiene lugar en ellos. Por consiguiente, nadie cambia.

En la adoración debemos aproximarnos a Dios con nuestro corazón. No se puede adorar a Dios con la mente. En este versículo él nos dice que hay muchísimos adoradores temporales. Tratan de adorar a Dios con sus mentes, pero siempre terminan siendo los espectadores del culto de adoración. Sólo se acercan a Dios con su intelecto. Esto es rechazado por Dios. Él no responderá al intelecto. Quien adore a Dios debe hacerlo en espíritu y en verdad.

Nunca experimentarás la verdadera adoración hasta que aprendas a adorar en espíritu. Hasta entonces, la adoración te parecerá una locura. Sabes que hay un Dios del universo, creador de todo. Sabes que Jesús murió para darte vida y hacerte acepto delante de Dios. Crees que él te salvó y te limpió. Pero se lo agradeces con una actitud mental. La actitud mental no es adoración; es meditación. Para que exista una verdadera adoración, debe haber reciprocidad: la presencia de Dios debe serte manifiesta. No puedes llegar a lo profundo de Dios con tu mente. Como creyentes, debemos acercarnos a Dios, involucrar nuestros corazones y ser llenos de su vida. Así, literalmente, nos conectaremos con el corazón de Dios y recibiremos su naturaleza, su carácter, su bondad y su misericordia.

> *He aquí el ojo de Jehová sobre los que le temen, sobre los que esperan en su misericordia, para librar sus almas de la muerte, y para darles vida en tiempo de hambre (Salmo 33:18, 19).*

¿Hay hambre en tu vida? Si adoras a Dios, no experimentarás hambre, porque él te mantendrá con vida.

Toda música adora a alguien. Si escuchas cualquier canción actual, verás que adora a *algo* o a *alguien*.

Cuando adoras, tomas tu energía y tu vida y las entregas en una dirección. Sea lo que fuere lo que adores, te volverás similar al objeto de tu adoración. Cuando adoras a Dios, te vuelves más como él. Cuando adoras a las tinieblas, te vuelves más como ellas. Cuando adoras a un jugador de fútbol, quieres ser como él. Cuando adoras tu carrera, te vuelves más importante en ella. Tus intenciones y tu enfoque se intensifican. Eso es la adoración. Un intensificador. ¡Lo que hace es magnificar!

Si quieres ser más como Dios, hay sólo una forma. Adóralo con tu corazón. Si quieres obrar más en la unción y el poder de

Dios, sólo hay una forma: adora con tu corazón. Cuando lo haces, te dedicas por completo. No puedes dejar de adorar, porque la atracción de seguir adorando es demasiado fuerte. Cuanto más adores a Dios, más querrás venir a su presencia. Cuanto más lo adores, mayor será la urgencia que sentirás por adorarlo nuevamente.

Libre en Cristo Jesús

Cuando estás continuamente en la presencia de Dios, todas las fuerzas que Satanás haya tratado de infiltrar en tu vida son derrotadas. Sean lo que fueren, todas operan bajo la ley del pecado y de la muerte.

Porque la ley del Espíritu de vida en Cristo Jesús me ha librado de la ley del pecado y de la muerte (Romanos 8:2).

Cuando comienzas a adorar a Dios, implementas la ley del Espíritu de vida en Cristo Jesús en tu vida. Comienzas a librarte de la fuerza de gravitación de las tinieblas. Esto cambiará tu vida para siempre. Nadie tendrá que rogarte que adores a Dios. No está bien tener que obligar a la gente para que adore al Señor. Él busca personas que tengan hambre y que deseen adorarle.

Me encanta hablar con trompetistas principiantes, que están aprendiendo a tocar. No me interesan aquellos que sólo tocan la trompeta. Busco aquellos que tengan hambre, que quieran saber: "¿Cómo se hace esto?" Es con ellos que quiero pasar mucho tiempo.

Con Dios pasa lo mismo. Él no busca al cristiano nominal que acepta a Cristo, sabe que es libre del infierno y que su destino está establecido... pero que no anhela más. Quizá sea libre del infierno, pero vivirá el infierno en la Tierra. Eso no es lo que Dios quiere. La Palabra de Dios dice que si adoras a Dios y le sirves, él bendecirá tu pan y tu agua y te quitará la enfermedad (ver Éxodo 23:25). Tomémosle la Palabra a Dios, y disfrutemos de sus beneficios.

Los más altos niveles de fe

Todo lo que tiene que ver con la alabanza y la adoración está basado principalmente en la ley fundamental de sembrar y cosechar. Cuando le das a Dios tu energía, esto hace que la energía de Dios se libere en tu vida. La religión dice: "No grites, no dances, no cantes en voz fuerte". La Biblia dice que exclamemos con júbilo. Gritar, danzar y exclamar con júbilo demandan mucha energía.

El Libro de los Salmos fue escrito para enseñarnos el valor y los medios para entrar a la presencia de Dios. Cuando entramos a la presencia de Dios como lo enseña la Biblia, entramos a su presencia con cánticos, a sus atrios con alabanza, le agradecemos y bendecimos su nombre (Salmo 100:4). La alabanza es el más alto nivel de fe en la Tierra. La alabanza hace que la visión se canalice en dirección a Dios. Cuando implementamos el principio de la alabanza, nos hacemos transportar a la presencia de Dios y hacemos que la presencia de Dios se transporte a nosotros. Las tinieblas son dispersadas automáticamente. Esto hace "callar al vengativo" (Salmo 8:2).

Exactamente el mismo principio opera en la adoración.

> *Y amarás a Jehová tu Dios de*
> *todo tu corazón, y de toda tu*
> *alma, y con todas tus fuerzas*
> *(Deuteronomio 6:5).*

Amar a Dios con todo tu corazón es adorarlo con todo tu corazón.

Tienes que dar de ti a Dios. No puedes adorarlo sentándote atrás y esperando que él venga hasta ti. Él no va a venir por ti. Él no quiere ir a aquellos que son pasivos. Él está buscando a aquellos que lo reverencian y lo adoran intensamente, que quieren entrar en su presencia, que involucran su corazón, que se atreven a ir delante de él y adorarlo. Cuando eso sucede, no puedes seguir siendo la misma persona; inevitablemente cambias.

Cuando adoramos a Dios, somos elevados a su presencia. Nos acercamos a él.

> *Acercaos a Dios, y él se*
> *acercará a vosotros*
> *(Santiago 4:8).*

Cuando la presencia de Dios cae sobre ti, todo lo demás se vuelve sin importancia. Te elevas por sobre las circunstancias y las situaciones, no por fe, sino por Dios.

Soy de la opinión de que cuando comienzas a adorar a Dios te conectas con un nuevo nivel y una nueva dimensión de vida. ¿Será que cuando nosotros, como adoradores, comencemos a vivir en esa dimensión, sabremos qué significa estar sentados en los lugares celestiales?

He aprendido muchas cosas sobre las leyes de Dios y sus sistemas, en las miles de horas que he pasado volando en aviones. Escuchamos muchas charlas sobre vientos de frente y vientos de cola. Los primeros van en contra de la corriente del avión, y los vientos de cola la siguen. ¿Sabías que cuando vuelas más alto con un avión, llegas a un punto en que no hay más vientos de frente? Llegas a una altura en la que nunca hay tormentas. Mientras tengas un impulso que te mueva hacia adelante, tu avión volará por el aire más rápido, porque no tienes tanta resistencia.

Piensa en esto en relación con la adoración a Dios. Cuanto más alto vivamos nuestras vidas, menos tormentas experimentaremos. Cuanto más alto vivamos en Dios, menos resistencia sentiremos, y más rápido iremos.

Dios está ahora mismo buscando verdaderos adoradores. ¡Sé uno de ellos! Volarás más arriba, subirás a los lugares elevados y disfrutarás de lo más alto del cielo. ¡Experimenta y disfruta de la presencia del Dios Altísimo!

A Tu Majestad

Señor, te adoro.
Glorifico tu santo nombre.

Con el Sol, la Luna
y las estrellas,
Tus maravillas proclamo.
Señor, te adoro.
Sólo Tú eres digno, Señor,

Rey de toda la Tierra.
Señor, te adoro.

A tu majestad
Elevaré mi voz por siempre
Y en ti me gozaré
Por todo lo que has hecho
por mí.

A tu majestad
Elevo manos santas.
En tu presencia estar

Por toda la eternidad.

Phil Driscoll

Catorce

Adoración y santidad

He tenido dos experiencias en mi andar con el Señor que yo diría que me cambiaron la vida.

La primera fue la visión que relaté al comienzo de este libro. La segunda me ocurrió un domingo por la mañana, mientras estaba ministrando en el altar en la iglesia de mi hermano.

Una pareja en particular había venido a visitar nuestra iglesia varias veces, y yo había recibido varias quejas sobre ellos. Esta pareja se había puesto a ministrar a nuestra gente sin siquiera presentarse a los líderes. Ellos sentían que Dios los había enviado a nuestra iglesia para profetizar sobre las personas y habían hablado palabras bastante duras sobre el pastor y los líderes.

Creo profundamente en el principio de "conoced a los que trabajan en medio de vosotros". Mi política era que debía conocer a los voluntarios personalmente antes de permitirles ministrar en el altar. Un domingo por la mañana di instrucciones a los líderes que estaban en la plataforma para que detuvieran a esa pareja si trataban de ministrar a alguien.

Después del culto matutino, este hombre y su esposa vinieron a verme y discutieron conmigo durante dos horas. Para cuando todo terminó, yo estaba frustrado y cansado. Había estado en la iglesia desde las 7:30, y me estaba yendo a las 15:30. Mientras me iba en el auto, decidí que no volvería para el culto de la noche. Me fui a casa, comí un poco y me acosté para dormir la siesta. Mientras estaba tratando de dormir, el Espíritu Santo habló a mi corazón y me dijo: "Quiero que vayas esta noche".

Así que fui, aunque no tenía ganas. Esa noche tomé mi lugar en la plataforma con el resto del equipo pastoral y un predicador invitado. Después de que Benny lo presentó, el predicador tomó el micrófono y comenzó a ministrar. Después de cinco minutos, se volvió, le entregó el micrófono a Benny y dijo que sentía que Dios quería hacer algo diferente.

Benny comenzó a dirigir a la iglesia en alabanza. Levanté mis manos y me uní a los demás. Escuchaba que mi hermano oraba mientras caminaba de un lado a otro. Estaba citando la oración de David en el Salmo 51. Mientras él caminaba, le pedí al Señor que hiciera algo nuevo en mí. Con las manos levantadas, sentí una presión en la espalda, como si una enorme mano me tocara abarcando los dos hombros.

La palma de esa mano empujaba mi cabeza hacia el suelo. Jadeé, y lloré. Al caer al suelo, clamé a Dios: "¿Qué estás haciendo dentro de mí? ¿Yo te pedí esto? ¿Qué sucede?" Comencé a sacudirme y a temblar. Sabía que algo grande estaba sucediendo en mi interior, pero no sabía qué era.

Entonces escuché que Benny decía: "¡Levántenlo! ¡Levántenlo! ¡Dios está haciendo algo en mi hermano!" Luego me impuso las manos y oró y profetizó sobre mí. Sentí un dolor tan fuerte en el estómago que rodeé mi cuerpo con los brazos, doblándome. El dolor era tan terrible que tenía que jadear para poder tomar aire.

Una vez más clamé a Dios: "¡Por favor, dime qué estás haciendo en mí!"

El Señor me habló y dijo: "Acabo de hacer nacer la santidad en ti".

Entonces entendí el porqué del dolor en el estómago.

Cuando le pregunté porqué, me dijo: "Porque todo lo que has deseado que haga en ti ya está hecho".

Me quedé tendido en el suelo, llorando, durante más de dos horas.

Luego, Dios me dijo: "Ponte de pie, y verás que cambiaste".

Entonces comenzó a haber en mí un deseo de santidad como nunca había sentido antes. Mi vida de oración cambió; todo mi andar con Dios cambió. Pero el cambio más drástico sucedió en la adoración.

Primero debe venir la santidad; sólo entonces podemos ofrecer adoración pura. El deseo de nuestro corazón al adorar debe ser: "Señor, haznos santos como tú eres santo".

Unas pocas semanas después de este nacimiento de la santidad en mí, yo estaba ministrando en las Bahamas. Una noche, el Señor me habló por medio de una visión. Vi a alguien que parecía un sacerdote de la época del Antiguo Testamento. Tenía hermosas vestiduras y parecía que estaba entrando desde los atrios al lugar santísimo. Vi una cuerda atada a su tobillo y campanillas en el borde de sus vestiduras.

En el Antiguo Testamento, un sacerdote entraba al lugar santísimo una vez por año. Vestido con un manto con campanillas en el borde, ofrecía sacrificios de expiación en representación del pueblo. Si había algún pecado en él, moría instantáneamente al entrar a la santa presencia de Dios. Mientras las campanillas sonaban, las personas que estaban afuera sabían que él estaba vivo. Pero cuando las campanillas dejaban de sonar, se daban cuenta de que había muerto. La cuerda atada a su tobillo servía para sacar su cuerpo del lugar santísimo (ver Éxodo 28:31-25).

El Señor me habló mientras tenía esta visión, y me dijo: "Yo no los sacaré afuera, sino que los voy a hacer entrar. Pondré una cuerda alrededor de mi pueblo para traerlos de la muerte a la vida".

Mis ojos estaban fijos en la cuerda, y le pregunté: "Señor, ¿qué es la cuerda?"

Él me respondió: "La cuerda representa

las cuerdas de la adoración. Es atraer a mi pueblo desde los atrios al lugar santísimo con la adoración".

Dios está trayendo cambios a nuestra adoración. Será más que una canción que cantemos. La adoración nos llevará a la santidad de Dios, y allí seremos cambiados. El llamado de Dios para cada uno de nosotros es un llamado a la santidad.

> *...sino, como aquel que os llamó es*
> *santo, sed también vosotros santos*
> *en toda vuestra manera de vivir;*
> *porque escrito está: Sed santos,*
> *porque yo soy santo"*
> *(1 Pedro 1:15, 16).*

Dios desea hacer nacer en ti su propia naturaleza y su propio carácter. Dios es santidad, y él requiere de aquellos de nosotros que lo deseamos, que seamos santos como él lo es. La santidad atrae su gloria.

Algunas veces ponemos demasiado énfasis en las manifestaciones físicas del Espíritu Santo. El mismo poder que me hace caer me hará ser cambiado cuando me ponga de pie. El toque del Espíritu Santo siempre traerá una nueva medida de santidad a nuestras vidas.

Él es más precioso que lo que nos da

Tengo cuatro hermosos hijos, y muchas veces Dios los usa para hablarme.

Una noche, me dio un sueño sobre mi hija mayor, Samia, que me cambió la vida. Yo estaba parado en un pasillo y al final del mismo estaba el cuarto de mi hija.

Yo tenía muchos regalos para ella, y estaba ansioso por ver su carita resplandecer al verlos. Quería mostrarle cuánto la amaba su padre.

Comenzó a abrirse la puerta de su cuarto, y ella se asomó. Vi que su carita se iluminaba con una enorme sonrisa. Yo sabía que ella estaba viendo los regalos que estaban detrás de mí, debajo del árbol.

Me puse de cuclillas y esperé mientras ella corría hacia mí. Su cabello rubio se movía en todas direcciones. Extendí los brazos para abrazarla, pero ella pasó a mi lado sin siquiera rozarme, a toda velocidad. Ni siquiera me miró. Fue directamente hacia los regalos.

Mi corazón quedó destrozado. Yo era quien le había dado todos esos regalos. Yo era el que había pagado el precio para que ella los tuviera. Me di vuelta y la vi desenvolviendo los regalos.

Entonces, el Espíritu Santo me habló, y me dijo: "Hijo, así sucede en la iglesia. Todos quieren mis dones, mis regalos, pero me ignoran a mí".

Hoy, muchos claman por el Espíritu de Dios. Quieren que el Espíritu les dé más fe, gozo, paz, sanidad o liberación. Debemos recordar que él no es simplemente el Espíritu de Dios. Es el Santo Espíritu de Dios. Cuando nos aferramos a su santidad, él nos toca con su Espíritu.

Cuando nuestros corazones lo desean a él

más que a todos sus dones, Dios nos da el Espíritu Santo que nos permitirá ser santos. David escribió:

Adorad a Jehová en la hermosura de la santidad; temed delante de él, toda la tierra (Salmo 96:9).

El llamado a la adoración es un llamado a la santidad. Dios no sólo nos llama a adorarle en la hermosura de la santidad; nos llama también a vivir en la hermosura de la santidad.

Todo al mismo tiempo

Cuando conocí a mi esposa y me enamoré de ella, la conocí por su nombre. Me enamoré de Erika. Ella se enamoró de Sam. Ella no me conoció como "el señor Hinn", sino por mi nombre. Cuando nos casamos, automáticamente ella recibió mi apellido y todo lo que me pertenecía.

Esto también se aplica a nuestra relación con el Espíritu Santo. Cuando nos enamoramos de él y lo conocemos por su nombre, como Espíritu, también recibimos todos los dones que vienen con su "apellido", Santo.

Dios nos llama a vivir una vida de santidad, y si la rechazamos, también estamos rechazando al Espíritu Santo.

Pues no nos ha llamado Dios a inmundicia, sino a santificación. Así que, el que desecha esto, no

desecha a hombre, sino a Dios,
que también nos dio su Espíritu
Santo (1 Tesalonicenses 4:7, 8).

Tu llamado como creyente es un llamado a ser un templo santo donde Dios pueda morar. Dios es santo, y el lugar donde habite también debe ser santo (ver Levítico 19:2 y 1 Corintios 3:16, 17). El grado de santidad que haya en tu vida será el grado en que la presencia de Dios esté en ella. La Palabra de Dios nos dice que fuimos elegidos para ser santos desde antes de la fundación del mundo.

...según nos escogió en él antes
de la fundación del mundo, para
que fuésemos santos y sin
mancha delante de él
(Efesios 1:4).

Nuestra mayor aspiración debe ser vivir una vida santa, no tener un ministerio o viajar por todo el mundo predicando el evangelio. Nuestro llamado es la santidad; nuestro ministerio, la adoración.

Mas buscad primeramente el
reino de Dios y su justicia, y
todas estas cosas os serán
añadidas (Mateo 6:33).

Dios quiere que busques la santidad que viene de él, no por obras. Dios sólo espera de nosotros lo que él mismo nos ha dado.

Hay un hambre tan grande por la santidad de Dios en la iglesia actual... Las personas claman por un cambio. Quieren ser más como él. El Espíritu Santo está dando nuevas canciones llenas de una santa pasión por ser más como Jesús.

Es Dios quien pone el anhelo y el deseo de ser santos en nuestro corazón, y él es quien satisface ese deseo.

> *Y habrá allí calzada y camino,*
> *será llamado Camino de*
> *Santidad; no pasará inmundo por*
> *él, sino que él mismo estará con*
> *ellos;*
> *el que anduviere en este camino,*
> *por torpe que sea, no se*
> *extraviará.*
> *No habrá allí león, ni fiera subirá*
> *por él, ni allí se hallará, para que*
> *caminen los redimidos*
> *(Isaías 35:8, 9).*

Esta es una imagen visual increíble de la santidad. El camino de santidad te mantendrá lejos de los leones que quieren devorarte (el diablo; ver 1 Pedro 5:8). No andarán torpes ni pecadores en ese camino de santidad. Pero allí se encontrarán los redimidos.

Cuanto mayor es el hambre de santidad, mayor es el grado de satisfacción.

Epílogo

Mi hermano o hermana, hoy Dios desea tocar tu corazón con su presencia. Hemos pasado demasiado tiempo yendo de aquí para allá, entrando y saliendo de la presencia de Dios. Él desea que permanezcamos allí para que podamos vivir nuestras vidas en un estado de adoración a él. Dios desea que vivas allí, no que sólo lo visites. Por eso dice en 1 Corintios 3:16:

> *¿No sabéis que sois templo de Dios, y que el Espíritu de Dios mora en vosotros?*

Dios quiere hablarnos cara a cara, como amigos. Abraham fue llamado amigo de Dios; Moisés se convirtió en un compañero de Dios. Dios es celoso de tu amistad.

> *Y viendo todo el pueblo la columna de nube que estaba a la puerta del tabernáculo, se levantaba cada uno a la puerta de su tienda y adoraba. Y hablaba Jehová a Moisés cara a cara, como habla cualquiera a su compañero (Éxodo 33: 10, 11).*

Piensa en la idea de que Dios, el creador de cielo y Tierra, quiere ser tu amigo. Jesús dijo a sus discípulos en el Evangelio de Juan: "Ya no os llamaré siervos,... pero os he llamado amigos". Él nos creó para que tengamos comunión con él, ¿recuerdas?

Observemos que cuando Moisés y el pueblo se levantaban y adoraban, cada hombre estaba a la puerta de su tienda. Estaban adorando en sus hogares. La adoración no es un acto limitado a las cuatro paredes del templo. La adoración comienza en el corazón, luego en el hogar.

Cuando nos reunimos el domingo para el culto de adoración, celebramos juntos lo que hemos disfrutado con él durante la semana. Tu hogar es el lugar donde él anhela reunirse contigo.

Traed el perfume

Quiero recordarte un último relato bíblico sobre la adoración. Es la historia de María, de Betania.

> *Pero estando él en Betania,*
> *en casa de Simón el leproso,*
> *y sentado a la mesa, vino*
> *una mujer con un vaso de*
> *alabastro de perfume de*
> *nardo puro de mucho precio;*
> *y quebrando el vaso de*
> *alabastro, se lo derramó*
> *sobre su cabeza*
> *(Marcos 14:3).*

Esta mujer tomó su posesión más valiosa,

un vaso de alabastro de un aceite perfumado muy costoso, lo quebró y lo derramó sobre la cabeza de Jesús. La adoración es traer nuestra más preciada posesión, quebrarla y derramar el aceite de nuestra adoración sobre el Maestro.

No hay mayor deseo en ningún corazón que el de que puedas estar de pie allí donde los ángeles sólo pueden estar inclinados. Su presencia te cambiará para siempre.

Mi hermano o hermana, quiero que sepas que Dios te está llamando a adorarle. Él anhela que lo adores, no sólo porque le gustan tus canciones, sino porque te ama. No importa si sabes cantar o no; él está gozoso porque tú has venido.

Si Dios puede cambiarme a mí, sé que también puede cambiarte a ti. Por favor, no dudes un momento más. Él te espera. No importa cómo esté tu corazón; él puede cambiarlo y darte uno nuevo.

Hay un aceite muy precioso en ti, que fue hecho sólo para él. Cuando tú lo derramas, él es fiel para llenarte nuevamente, una y otra vez. Si tú lo unges con tu adoración, él te ungirá con su Espíritu.

Te prometo que cuando estés en su presencia, serás cambiado, nunca volverás a ser el mismo. Por favor, no dudes más. Ven, para que seas cambiado por su presencia.

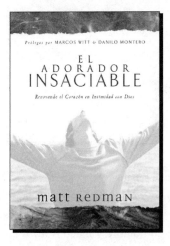

NO TE RINDAS

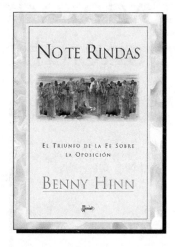

TAPA DURA

por
BENNY HINN

El mismo Jesús que sanaba "toda enfermedad" en los días de su ministerio, sana hoy. Así como limpió al leproso, dio vista al ciego Bartimeo, hizo caminar al paralítico de Betesda, restauró la mano seca de un hombre y muchos otros milagros y prodigios, también puede hacerlos hoy.

En este libro Benny Hinn nos relata las adversidades que tuvo que enfrentar una mujer enferma de flujo de sangre después de doce años y las siete oposiciones detalladas contra las que luchó Jairo antes de recibir el milagro de la resurrección de su hija. Las mismas adversidades y luchas que enfrentaron estas personas son las que tendrás tú, antes de recibir el milagro que Dios hará en tu vida. No bajes los brazos ante la primer dificultad, lucha hasta el fin. *¡No te rindas!*

El camino hacia la presencia de Dios

P asión por su presencia explica la diferencia entre la omnipresencia y la presencia manifiesta de Dios. Este libro guía al lector para que pueda cumplir su deseo de vivir en comunión con Dios.

Muchos hombres de la Biblia que experim entaron esta presencia sintieron un profundo deseo de permanecer allí. Ellos son un ejemplo para nosotros. Aún hoy podemos experimentar la presencia de Dios en una dimensión similar a la que vivió Adán, Moisés o David.

LaMar Boschman

Experimente una Restauración de la adoración

*E*l corazón de un verdadero adorador le dará energía y vigor a su vida de adoración, cambiará para siempre la manera de ser, su potencial, habilidad y llamado a adorar. Usted descubrirá: cómo instalar la pasión y el poder de la adoración en su vida; las llaves para renovarse en Dios; el por qué los creyentes deben adorar; una sección especial para pastores y ministros de alabanza; el avivamiento de la adoración que ha estado en proceso por dos mil años. Será estimulado y encontrará propósito en su vida de adoración.

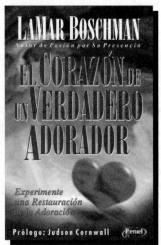

LaMar Boschman

www.editorialpeniel.com

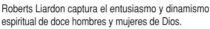